ちくま新書

村の社会学

——日本の伝統的な人づきあいに学ぶ

鳥越皓之
Torigoe Hiroyuki

村の社会学

——日本の伝統的な人づきあいに学ぶ【目次】

はしがき　009

第1章　村の知恵とコミュニティ　011

1　村の知恵　012
人間関係に迷う／知恵の発光体／コミュニティとは
2　コミュニティの構造　017
なわばりの否定／なわばりと居場所／他者への配慮となわばり／孤立化とあたたかみ／コミュニティの典型としての村

第2章　村とローカル・ルール　027

1　村とは何か　028
ふたつの村／地域経営としての村
2　ローカル・ルール　033

住民を強制すること／つとめ／作法という名のローカル・ルール
3　生活組織としてのコミュニティ　040
町内会／小学校区のコミュニティ

第3章　村のしくみ　045

1　村のタテの構造と関係　046
家格と年齢／目上・目下の判断／親分・子分／庇護と奉仕
2　村のヨコの関係　055
現実と幻想と／技と作法／ヨコの関係の強い村落構造／信仰的な講の裏のはたらき
3　人間と自然　065
採取から開墾へ／人間参加型自然／山が荒れる／肥料／村の空間的構成／村の山と水／自然と争わない
4　村での仕事と権利　084
トレードオフと話し合いの重要性／リーダーを悪者にしてもよい理由／村の生活維持／共同労働

と共同占有／個的役割とリーダーシップ／文化型リーダー／利用権に対する配慮／フェイス・トゥ・フェイスの現場

第4章　村のはたらき　103

1　交換不可能性とエゴイズム　104
交換不可能性／エゴイズムを抑える

2　弱者救済　111
家族における弱者救済／三世代家族の長所／やわらかい三世代家族／村における弱者救済／弱者に与える特権／子どもたちも働く

3　災害対応　122
地震への対応／村での水害／火事——許されない失敗

4　村の教育——平凡教育　131
平凡教育と非凡教育／カツオの変身／知恵としての平凡教育／学力とは

第5章　村における人間関係　141
1　あいさつ　142
簡便なコミュニケーションの手段／あいさつの型／呼びかけ
2　不公平を嫌う　148
損をしない／「不公平」という切り札
3　話し合いと意思決定　151
意思決定のかたち／寄り合い／全員一致制
第6章　村の評価と村の思想　159
1　村の意図的消滅論　160
個人の自由を束縛する／近代文学における個の自立論
2　村の自然消滅論　163
近代化のプロセスとして／民主主義と権威主義／村と資本主義的生産／近代技術のプラス・マイナス／過疎化の危機

3　Society 5.0と異なる方向へ　173
Society 5.0とは何か／自然を活かしたつきあい／当たり前の平たい人間関係／自由主義と共和主義／反君主制としての共和主義／村は共和主義か？／村の知恵を活かす
あとがき　187
注　191
参考文献　201

はしがき

人間は生きるための知恵を代々蓄積してきました。

知恵の蓄積は、人間の大切な財産です。一個の人間の経験はたかが知れています。そのため、他の仲間や先人の経験のうちの大切と思われるものが、生きるための知恵として重宝されてきたのです。

この生きるための知恵は文字化されて残っている場合がかなりあります。けれども、その多くは文字化されずに口頭で伝えられています。

本書のタイトルは『村の社会学』ですが、村は代々口頭で伝えられてきた生きるための知恵のすばらしい宝庫です。社会学はこの宝庫に着目してきた研究史をもっています。この知恵は、村から他の組織体、会社や現代家族（夫婦家族）や地域社会などにも援用されてきました。

ただ、村からの知恵が援用されているといっても、それは形式的であったり、一側面であったりして、やや不十分な感を否めません。本書を読んでくだされば、村のもつ生きるための知恵の豊富さに驚かれると思います。

本書はサブタイトルを「日本の伝統的な人づきあいに学ぶ」として、生きるための知恵のうち、「人づきあい」を軸にして考えることにしました。ただ、人づきあいは人間が生きるための組織で（村もそのような組織のひとつです）独立して存在しているわけではありません。組織のなかに溶け込んでいます。

そのため、本書では村そのものを総合的にとらえながら、そのなかで人づきあいを考えようとしています。また、本書の後半では、日本社会における村そのものの存在の価値（必要性）について言及をしています。

第１章
村の知恵とコミュニティ

村の入り口に門をもっている村

1　村の知恵

†人間関係に迷う

わたしたちはつねに「つきあい」という人間関係に迷っています。なぜ迷うかというと、相手との関係をよくしようと自分自身が正しくまっすぐに生きても、必ずしも関係がよくなるとはかぎらないからです。

我と汝、自己と他者などと、自分と対比して述べられる他者（相手）は十全には理解できない存在です。そういう存在である他者によって自己が構築されるとか、他者は自己の鏡であるなどと言明されることがありますが、そうすると今度は自分自身が何者なのか分からなくなってきます。

こうした他者たちによって自己が成り立っているという考え方は、古今の宗教、哲学に限らず、現在の人文・社会科学の指摘にも見られます(1)。

この「他者」との関係がなかなかうまくいきません。なんらかの知恵の欲しいところです。これはずっと昔から存在してきた課題ですので、伝統のなかからその知恵をさぐりだすことができます。たとえば仏教などの宗教にもその答えがありますが、現実の日本の社会でその答えをもっているものとして村があります。村はわたしたちの「心の故郷」として貴重ですが、進みゆく都市化のなかで村は軽んじられる傾向にあります。もちろん村には伝統的な規範が多く、現代に適合できない側面をもっていることは否定できません。ただ昨今、プラスの面よりもマイナスの面が強調されがちで残念なことです。

村はあらゆる意味でわたしたちの故郷です。都会での厳しい仕事や生活での〝格闘〟の合間に、帰郷する場を持っている人は心強いことでしょう。

村の風景をみたり、村に入るとなんとなくホッとしたりする人が多いと思います。なぜでしょうか。自然が豊かだからと答える人がいます。その答えは半分当たっていると思いますが、それだけなら、山や海に行けばよいのです。村には自然に加えて人の暮らしがあるのです。

言葉を換えると、日本の村は日本社会の根源であり基礎です。自分自身の立ち返る基本として、また反省する基本としての村、その村が持っている知恵や文化を熟考する機会をもってみてはどうでしょうか。

†知恵の発光体

いま自分や自己という個人の立場からの説明をしてきました。この自己を支える地盤、それが村を典型とするコミュニティなのです。コミュニティという地盤があるからこそ、「つきあい」の知恵が発光されるのです。

本書では、村の構造の説明からはじまって、村全体の説明をしていきます。その説明の過程で、村のもつつきあいの知恵が登場するという書き方をしました。村のつきあいの知恵を項目的に並べてその説明をするという方法はとっていません。村の構造のなかにあってこそ、知恵の本来の意味が理解できるからです。

コミュニティがなぜ知恵の発光体になるのでしょうか。その説明はなかなか難しいのですが、わたしはイタリアの精神医療を分析した人類学者の松嶋健からヒントを得ました。松嶋は近代の精神医学と精神病院の総体が人間をモノ化したことへの批判として、コミュニティを「集合的な生の実現の場」（松嶋、2014: 379）と考えました。

そして松嶋は個人である「私」を数字の1とし、「国家」も1、それに対して「コミュニティ」を多と位置づけました（同：363）。これをわたしはとてもおもしろいと思いました。1と1との間に挟まれて多であるコミュニティが存在するわけです。わたしの解釈では、おそらく「国家」は法令などによって1というイメージで、1である個人の「私」に迫ってくるのでしょう。それに対して「コミュニティ」は多が存在するところだというのは、そこが〝複数の人びとによる生活の展開の場〟であるからではないでしょうか。

松嶋が多であるコミュニティが人間をモノ化から解放すると判断したように、個人である自己は複数の他者によって成り立つコミュニティにつねに〝出入りする〟ことが大切なようです。

†コミュニティとは

繰り返しますが、村はコミュニティでもあります。本書における村とコミュニティとの意味の違いについては、後で徐々に述べることにして、最初にコミュニティという用語で説明をしていきます。さて、なぜコミュニティがわたしたちに必要なのでしょうか。

もっとも根本に戻っていえば、現在、日本社会で進行しているわたしたちひとりひとりの「孤立・孤独」と、それはかかわっています。恋愛さえも、過去と比較すると、社会的に開かれないようになり、ふたりだけで完結するような閉じた孤立した世界に変貌しつつあります。死ぬということも同様に孤独化していっています。先ほどの松嶋の例でいうと、多ではなくて1とか2になっているわけです。

けれどもいまは、そこまで掘り下げないでおきましょう。コミュニティの必要性は、わたしたちにしっかりした家族が必要なのととてもよく似ている、という分かりやすい言い方をして、そこから考えをはじめましょう。

家族がなくても幸福に生きている人がいます。それと同じように、コミュニティがなくても、精神的にも人間関係的にもストレスなく生きていける人もいます。しかし、一般論でいっても政策論でいっても、これらふたつはともに必要なのです。

とりわけ日本の社会には、村（コミュニティ）を社会基盤として生活を保持してきた長い伝統があります。もっとも村のようなコミュニティはほとんどの民族がもっています。それが大切であったからです。その中でも、日本の村は長い歴史のなかで工夫に工夫を重ねて、風土に根ざした固有の生活パターンを形成しました。それは固有の文化ともいえるでしょう。つまり日本のこの組織は、わたしたちの財産であり、近ごろはやりの表現を使えば、わたしたちの「社会（関係）資本」（ソーシャル・キャピタル）ともいえます。そのため、将来に向けてもこれを使わない手はありません。

2　コミュニティの構造

†なわばりの否定

つぎに、このコミュニティとはどのようなものでしょうか。

コミュニティは、構造としてとらえることができます。そして、この構造はしっかりしたものですから、構造の内外を分けるテリトリーがあります。この内部テリトリーを日本語でなじんでいる言葉である「なわばり」と呼びましょう。

図式化していえば、構造を支える基底部に「なわばり」が機能しています。そのため、コミュニティには「なわばり」が見え隠れします。もちろんなわばりは「生物レベルから社会現象、宗教的な世界観におよぶ多元的な」（秋道、1995: 251）ものです。ですが、ここでは社会現象としてのコミュニティを対象とします。

この「なわばり」は、近年は否定的にとらえられています。しかし、日本のここ一五〇

写真1　村の境界にかけられた縄
村の中に悪霊などが入るのを防ぐことを目的としており、「勧請縄」と呼ばれる。（奈良県明日香村大字栢森、著者撮影）
　村の境界の目印としては他に地蔵や大木などがある。

年ほどの近代化の過程では、どちらかというとそれはうまく利用されてきました。

　このなわばりが存在するのは、コミュニティの典型である農村だけではありません。あちこちに波及しています。政治の世界でも、経済の世界でも、教育の世界でも、なわばりが「利用されつづけてきた」のも事実です。

　政治の世界でいえば、なわばりは派閥というかたちや自分の選挙区のなかの地盤（後援会などの組織）として現れつづけてきましたし、学閥もそうです。縁日などに露店を出すテキ屋の世界でもそれを自分たちの「シマ」と呼んで、ある空間を差配してきました。農村では写真1に見るように特定の地域空間に目に見えるかたちでなわばりを示すことも少なくありません。

　なわばりは日本の歴史のなかでは、近代になってはじめて表立って否定されたものです。

厳密には、第二次世界大戦後になって、目立って否定されはじめたといえるかもしれません。これは戦後にアメリカから導入された民主主義教育と関係しています。

†なわばりと居場所

しかし、このなわばりは現実の社会では便利なものとして利用されつづけてきたことを忘れるわけにはいきません。もっとも、教育などの影響もあって否定の効果が現れ、少しずつなわばり的な考え方は減退していっています。

なわばりの減退のよいところは、個人の自由がそれに反比例して確立されていったことです。なわばりにはつねにそこからはじき飛ばされる人がいます。ひとりひとりの人間の存在の意味を考えると、なわばりはよくないことであって消滅の方向に進むのは正しいことだという主張は肯定できる側面ももっています。

それにもかかわらず、なぜいま、なわばりを構造の基底部にもつコミュニティが必要だと声をあげる必要があるのでしょうか。それはわたしたちの「居場所」と関わっています。そして「居場所」が成立するためにはなわばりが必要なのです。現在、わたしたちの社会でひとりひとりの人間がその居場所を失うことが増えてきました。前の時代には想像もできなかった現象が顕現しつつあるのです。社会のなかで自分の「居場所」がない、そのような人たちの不幸が、現在、具体的なかたちで現れてきています。

そのため、地方自治体もこの動向にいち早く対応しようとしています。たとえば、いまわたしの住んでいる兵庫県の例ですが、県庁で開かれる「県民生活審議会」では「ふるさとづくり」について審議してきました（二〇一六年度―二〇二〇年度）。そこでも「居場所」を失いつつある高齢者や、子どもたち、外国人、加えて最近は中年の人たち、かれらを両手を拡げるようにあたたかく迎えるのが「あたらしいふるさと論だ」というような議論がなされてきました。[2]

「なわばり」とは自分のテリトリーの主張のことです。居場所とは自分（たち）のテリトリーがあるということです。現今のあたらしいふるさと政策はテリトリーづくり政策ともいえるものなのです。それは「なわばり」づくり政策だとも言い換えられます。

そもそもわが国各地での「まちづくり活動」はすでに二〇年ほどの伝統をもっています。そういうことを考えると、「なわばり」否定と全面的に葬ってしまうのではなくて、その長所と欠点を腑分けしたうえで、実効性のある施策を出す時期にきているように思います。

その際、なんらかのハンディのある人にその人の居場所、すなわち安心できるなわばりを保証することが基本となります。

なわばりを基底にもつコミュニティが、現代から将来へ向かう社会において、どういう意味で必要かということを述べておく必要があるでしょう。そのためのつぎの手続きとして、「なわばり」以外に、コミュニティ理解に必要な「他者への配慮」というキーワードを紹介しておきましょう。

†他者への配慮となわばり

村などのコミュニティは、その構造の上層部に「他者への配慮」という価値観をもっています。

分かりやすい例を述べると、都会の人は、「田舎の人は素朴で親切ね」という言い方をしばしばします。この「素朴」のほうへの評価はいまは差し控えますが、「親切」というのは、かなりの人にあてはまるでしょう。これは田舎のほうがしっかりしたコミュニティが作動しているからです。他者との相互協力なくしては、田舎のコミュニティ、すなわち村では、一人前の大人として過ごしていけません。お祭りひとつを取り上げても、ひとりでできないことは明白です。このことは第3章で詳しく述べます。

他方、いまわたしの住んでいる神戸市のような都会では、他者への配慮があまりなくても、一人前の大人として過ごしていけます。わたしもそれなりに親切なつもりですが、社会全体のあり方としては、田舎のほうが親切なのです。

そしてこの上層部にある「他者への配慮」と基底部にある「なわばり」とは、太鼓の二枚の革張りのように相互に共鳴しているのです。「他者への配慮」の内容については、つぎの章で、「つとめ」という用語で具体的に説明をします。では「他者への配慮」が共鳴している「なわばり」とはいったいどのようなものなのでしょうか。

†孤立化とあたたかみ

先ほど「もっとも根本に戻っていえば」といって指摘したことですが、いまわたしたちの社会では、ひとりひとりの人間の孤立化が進んでいます。「孤立化」は「居場所の喪失」とも言い換えられるかと思います。

近年、孤立化は顕著な社会問題となっています。個人の自由という発想まではよかったのですが、最近ではこの発想が予想外のものを生み出しつつあるのです。しかも、子どもたちの孤立化に止まらず、多様な世代の孤立化へと進んでいます。これはコミュニティの弱化と強く関連性をもっているようです。こうしたコミュニティの弱化を抑え、むしろ強化へと転換させる方策が、いま必要になってきているのです。

ここで大切なことは、コミュニティ強化の提唱は、孤立化というひとつのマイナス面を防ぐことに止まらないということです。もっと多くのマイナス面を防ぐ機能をこのコミュニティはもっているのです。そしてなによりも大切なのは、それが「人間性というプラス面」をもっていることです。

人間性とは分かりにくい表現ですが、人間というものは、「幸福」だとか「あたたかみ」というような、ほとんどの動物たちがもっていない概念を大切にして、それらを人間の生存の意味として貴重なものと考える生き物なのです。

じつはコミュニティは、こうした人間固有の概念の実践において、大きな役割を果たしてきましたし、将来においても形を変えつつ、役割を果たしていくのに効果的な社会体であると予想されるのです。

現在、これらの役割の多くは夫婦家族（核家族）にのみまかされていて、その重みで夫婦家族という組織体は、とりわけ都会においては、悲鳴をあげつつあるというのが現状ではないでしょうか。

†コミュニティの典型としての村

ところで、コミュニティは分かるとして、なぜ、とくに村を強調しようとするのでしょうか。これにはふたつの理由があります。

ひとつめは、以下の章で詳しく述べますが、わたしたちの国は、基本的に「稲作を中心とした文化」をもった国です。そのため、村がコミュニティの典型となっています。この村の構造に分け入って考えれば、日本のコミュニティのもつ本質のようなものが把握できると判断するからです。

ふたつめに、農山漁村はいわゆる農民や漁民が農業や漁業を営む生活の場であり、村と自然はたいへん強く結びついています。わたしたちの近代社会はセッセと自然を破壊しつづけましたが、その反省が強くなりつつあります。わたしたちが改めて「人間と自然との関係」について真剣に考えなければならない時代に入ってきました。

またわたしたちの健康とも関わりますが、食べ物についても、植物の自然原理に反した遺伝子組み換えなどが問題視されるようになっており、いまのままでよいのか、よく考える必要が生じてきています。つまり、人間という生物が生物としての生活原理から離反しつつあります。それは村からの離反と強く関係していることはいうまでもありません。

このふたつの理由によって、コミュニティではなくて、その一種（わたしは典型と呼びたいのです）である村について、本書では分析するのです。

第 2 章

村とローカル・ルール

村人全員で赤ん坊の誕生を祝う

1　村とは何か

†ふたつの村

第1章で「村」と「コミュニティ」というふたつの用語を使いました。村というものがどういうものかきちんと理解しておく必要がありますので、ここで整理しておきましょう。

村という言葉は現在の日本ではふたつの意味で使われています。ひとつが市町村という地方自治体の村です。そこでは村長さんや村会議員たち、また教育委員会の教育長さんなどの役職者がいて、市や町と変わらない行政組織と議会をもっています。もっとも平成の大合併により、この行政（地方自治体）としての村は、その数を大幅に減らしました。ともあれ、行政村としての村が存在します。

もうひとつは農林水産業に従事している地元の人たちが「うちの村では……」という言い方をするときの村です。これは研究者やときに行政がいうところの「村落」あるいは

「集落」あるいはひらがなやカタカナで書かれる「むら」や「ムラ」のことです。その大きさは江戸時代の村の地理的範囲と一致することが少なくありません。

明治になって江戸時代の村をいくつか合わせて、行政村をつくりました。けれども、地元の意識としては、もともとの江戸時代からの村が本当の村なのです。地元にとっては同じ呼び方の村があるのはややこしいことです。そこで、地方によっては「うちの村ではこのように思っているが、ソンではそれに反対している」というように、行政村をソンと呼んで区別しているところもあります。

行政としては、あたらしい行政村をあくまでも村とみなし、江戸時代からの村と区別するために、後者の村のために「部落」という用語を発明しました。それは明治の頃かと想定されます。

それを便利に使っていたのですが、昭和の終わりの頃に差別用語と関係してきて、部落という用語が使えなくなりました。差別用語は四文字の「〇〇部落」という差別的な表現だったので、その使用を禁止したまではよかったのですが、部落という用語まで、だれかが差別用語だと言い始めて行政では使えなくなったのです。

それで行政としては現在のところ、明治のはじめの頃の用法のひとつであった区とか地区、あるいは六〇年ほど前からのあたらしい用語である自治会、コミュニティなどさまざまな用語を使っています。全国的に統一もなく、やや苦し紛れのところがあります。

†地域経営としての村

本書でいうところの村は、後者の、つまり江戸時代からの村をさします。この村こそが、地元の人たちの地域生活のまとまりのある単位であるからです。また、それは「コミュニティ」とも呼べるものです。

そこには通常、ひとつの氏神（あるいは産土神《うぶすながみ》）の神社があり、お寺がひとつあり、共同墓地があり、集会所があります。そのようなハードの設備に加えて、村の単位で秋祭りなどの祭りがあり、道普請《みちぶしん》というような共同の整備作業などがあります。消防団や婦人会、子ども会や老人会などの社会組織があります。また、山や川や海岸などを共同で差配し保全するための組織があります。農山漁村では家が経営の単位となっていますが、村はそのひとつ上の地域経営の単位となっているといっても過言ではありません。

なぜそうなっていったかというと、歴史的な事情があります。江戸時代においては、この村が年貢の支払いの単位でした。個人や個別の家ではありません。村は村高という年貢高を割り当てられており、その高に見合った年貢を村内の家々から集めました。決められた高の年貢を納めると、「皆済目録《かいさいもくろく》」という領収証を村が受け取りました。明治以降は、税金は村でも家でもなく、個人に割り当てられるようになりました。言葉を換えますと、江戸時代までは領主は村を掌握していましたが、村人という個人は掌握していなかったということです(1)。

地域経営の単位としての村では、リーダーの人たちが集まって、村の山のこと、田畑のこと、田畑の水利のことなど、「生産」のことについて大きな枠組みや、ルールを決定します。また、道の整備（伝統的には道普請という）やゴミの問題、飲料水の課題、共同墓地の管理、神社の整備・運営、年中行事など「生活」に関わることの枠組みやルールの決定をします。そして、この生産や生活に関わる枠組みやルールの決定は、決定にとどまらずに、共同作業をするという「強制力」をともないます。

たとえば、〇月〇日に道路の整備をすると決めたなら、各戸からひとりずつ出てきて作業をします。神社での正月の準備なども同様です。

わたしの記憶で共同作業も楽しそうだなと思ったのは、長崎県島原市船津地区浜の川です。現在では住宅が密集して都市の住宅地の雰囲気ですが、元は漁村であったところです。

写真２　浜の川の泉　飲み水、洗い物に利用する（長崎県島原市、著者撮影）

そこにはきれいな湧き水がコンコンと流れ出ていて、地元の多くの人がその水を汲んで飲料水として利用しています。もちろん水道は通っているのですが、地元の人たちは泉の水のほうがおいしいと言ってそれを飲んでいます。小さな清掃は週に一度ほどおこなっているのですが、年に一度は湧き水の小さなプールの水を抜いての大きな掃除があります[2]。

そしてその清掃の後では一堂に会してみんなで共同の昼食を食べます（これに類似のことをしている地域は全国に多くあり、地域によると缶ビールが出たりします）。わたしが中年の女性たちに聴き取りをしたときに、これが楽しくてね、と女性どうしでうれしそうに語り合っていた様子からいかに楽しい行事であるかがうかがえ、いまもその笑顔を思い出します。

この人たちは清掃というルールに従って行動をしています。ふつうは区長さん（村やコミュニティの長）とか自治会長さんが全体を差配します。

2　ローカル・ルール

†住民を強制すること

いま「強制力」について述べましたので、都会の人がいやがる「強制」ということについても例を出して説明をしましょう。

福島県双葉郡川内村《かわうち》は、二〇一一年三月の地震で事故を起こした福島第一原子力発電所の二〇―三〇キロ圏内というとても近い距離にあります。この場合の川内村は行政村です。村長さんがおられます。この村の小高いところに登りますと、第一原子力発電所が遠望できます（次頁写真3）。

このように原子力発電所から近いところですが、さらに近く原発に隣接している富岡町からおよそ八〇〇〇人もの人たちが、人口三〇〇〇人のこの村に車で逃げてきました。行政村としての川内村は八つの区に分かれています。この区が本書でいう村にあたり、各区にはコミュニティセンターと呼ばれる集会所があります。

写真3　川内村からの原子力発電所の遠望　塔とクレーンが見えるところが発電所（著者撮影）

そのうちのひとつの区の例ですが、このコミュニティセンターでもおよそ一〇〇人の避難者を受け入れることになりました。まず食べ物が必要です。区長さんが区の各戸につながっている放送を通じて、避難者のための食料援助を呼びかけます。

すると多くの人たちが米をもって駆けつけます。農家ですから米の貯蓄があるのです。また「炊き出し」という言い方をしますが、女性たちが大きなおにぎりをつくりはじめます。一〇〇人が毎日三食を食べるのですから多量の米が必要ですが、炊き出しの米が不足することはありません。

さて、こうした行為、すなわち多くの人たちが米をもってきて、ほとんどの女性が炊き出しに参加し、また寒い時期ということで自宅から余っている毛布をもってきた人たちもいたわけですが、これらの行為は強制でしょうか。

これは強制ともいえるし、強制ではないともいえるものです。つまり区長さんによる強制力が執行されているともいえるし、住民による自主的なボランティアであるともいえるのです。どちらともいえるということは、「強制」とか「ボランティア」という用語を使用すること自体がそもそも適切でないということです。では、このどちらともいえるし、どちらともいえない実態に対して、どういう用語が適切でしょうか。わたしは日本のあちこちの農漁村で伝統的に使われてきた「つとめ」という用語を使いたいと思います。

†つとめ

このような援助の好意は人間としての「つとめ」である、といえばボランティア色をもちます。また、村としての「つとめ」であるというと、村からの強制というニュアンスをもつのです。

さて、第1章にも書きました「田舎の人は素朴で親切ね」という都会の人たちの表現の「親切ね」というのは、都会の人が性根の悪い人たちばかりで、田舎の人は性根の良い人たちばかりという人間の性格の問題ではありません。社会的な価値観（規範）の問題です。じつはここに「つとめ」が機能しているのです。田舎では社会的な価値観として「つとめ」がキチンと機能しています。ひとりひとりの人間として、あるいは村のメンバーとして「つとめ」を実行しないということは、一人前の社会人として評価されないことになります。そのため、大勢の人たちが米をもってかけつけたのです。

原発事故が起きた三月一一日の翌日、一二日に富岡町民が川内村に通じるたったひとつの道路を通って、川内村に北上してきました。原発事故や津波で他の道路が通行不能だったのです。したがって、富岡町長も川内村にやってきて町民への指揮をとりました。

翌々日三月一三日に電話は不通になり、上空に新聞社などのヘリコプターが飛ばなくなりました。本来救援物質が来るはずですが、輸送物質は原発三〇キロ圏内の川内村に入って来ませんでした。メディアは自主規制かと思われますが、五〇キロ圏内に入らないようにしました。救助に向かったアメリカ海兵隊も八〇キロ圏内に入ることがアメリカ政府によって禁止されました。

原発二〇—三〇キロ圏に位置していた川内村では、地元の人たちの「つとめ」という社会的価値観はとても大きな役割を果たしました。それはなんら英雄的行為ではなく、当た

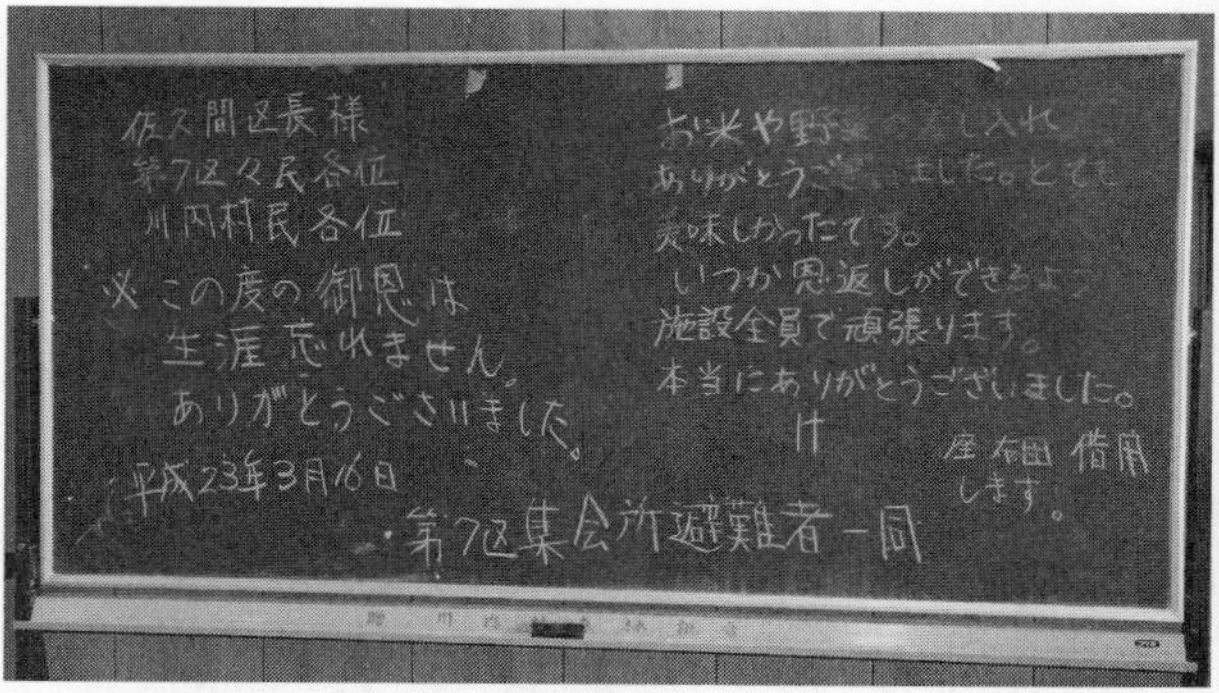

写真4　避難者の走り書き　富岡町避難者は数日後、夜中に川内村からさらに遠方へ避難するように指示があったため、お礼の走り書きを残した。（金子祥之撮影）

り前のこととして、ほとんどの住民が食料を供出し、援助に動いたのです(3)（写真4）。

この「つとめ」が「田舎の人は親切ね」という場合の親切と解釈されるのでしょう。しかし、この「つとめ」は、わたしたちが共に生きていくために大切にしなければならない価値観ではないでしょうか。

作法という名のローカル・ルール

人間がつくった組織体には、必ずその組織体固有のルールが存在します。それを社会学者はローカル・ルールと呼んでいます。たとえば、村だけではなく、企業や学校も組織体です。学校ではローカル・ルールは学則（校則）と呼ばれます。学校の規則だからという理由で、スカートの長さや髪の毛の色について先生から注意を受けるというようなことを経験した人は少なくないでしょう。

こうしたローカル・ルールの親玉が村のローカル・ルールです。なんといっても歴史が違います。長い歴史の中で、ローカル・ルールは洗練されてきました。村のローカル・ルールは、村では「しきたり」という言い方がなされることが多いのですが、もう少し広くとって作法といっておきましょう。

この作法は、村での物事の決め方や挨拶のしかた、また冠婚葬祭でのしきたりなど多方面に及びます。また、共有山の木の伐採の可否、小川の水の使用の可否や使い方などの権利関係もあります。さらに夫役《ぶえき》などの義務のルールもあります。これら村のローカル・ルールは、内容によっては文章化されている場合がありますし、文章化されていない場合もあります。文章化されていないといっても、すべての村人の頭の中にそのルールは記憶されています。若者組（青年団）のルールは文章化されています。それは決まった日にみんなの前で読み上げる必要があるからです。

こうした作法の現場での行われ方を観察すると、それにはふたつの原理が作動していることが分かります。ひとつが「スジをとおすこと」、もうひとつが「ホンネ」です。

じつは村のリーダーの値打ちは、このふたつの原理の中間のどこで折り合いをつけるか、というその能力にかかっています。いま中間といったのは、片方だけ、つまり「スジをとおすこと」だけでは頭の固いリーダーとみなされて評価をされませんし、「ホンネ」だけのリーダーでは、物事の分からない人という低い評価をされてしまいます。ふたつの中間というのがミソです。

例をあげましょう。堀越久甫《ひさもと》があげておられる例がよくある分かりやすいケースですので、少し長いですがそのまま引用します。

ある集落では、集落で行なう道普請に出役しない人からは出不足金を一〇〇〇円徴収することに決まっていました。ところが、この集落に独り暮らしの老婦人がいました。その人はあまり体が丈夫でないから道普請で一日働くのは重荷です。だからみんなはその人は出ないでもいいと思っているのですが、でも決まりは決まりですから出役しなかったら一〇〇〇円徴収しなければなりません。そういう事情の中で集落の総代さんが、おばあさんにこう言いました。

「ばあちゃんよ。明日の道普請のときに、みんなの集合場所へ顔だけ出してくれないかね。そうすればオレが出役したと認めるからね。そうしてあんたすぐうちへ帰っていいですよ。あの人は老人でくたびれたからうちへ帰ってもらったことにしておくから……」（堀越、1983: 62）。

うまくふたつの間をとっています。ホンネでは出役する必要はないと思っているのですが、それではスジがとおりません。顔だけ出すということでスジ論を充足させました。

3 生活組織としてのコミュニティ

†町内会

村と比較する意味で、少しだけ都市部のコミュニティの歴史について触れておきましょう。

江戸時代には城下町などの都市の地域単位として町《ちょう》（丁）がありました。この町の代表者を「年寄」と呼んでいたところが多いように思います。江戸時代からつづいていた町が明治二二年（一八八九年）施行の市制・町村制によって、大きな変貌をとげます。この制度によって市・町・村という地方自治体が誕生したのです。

このときさきに説明をした村と同様の混乱がありました。都市の地域単位として町（丁）と地方自治体としての町とを区別する必要が生じたのです。そこで、いままでの町は町内と呼ばれるようになります。そしてほぼこの時期に町内の組織として町内会が生まれることになります。

なぜ町内会と名前を変えつつもこのような組織の存続が必要だったかというと、市や町という地方自治体は、住民の生活の内実まで入り込んでいなかったからです。江戸時代の町や明治初期の町内の組織が自立的に行っていた業務を、金沢と京都と和歌山の町から抽出しまとめてみると、以下のようなものでした。

触《ふれ》の伝達、警察業務、浪人の取り締まり、耶蘇《やそ》教徒告発、外来者の身元調査、家屋敷の売買、借家の手続き、木戸の整備、防火、防犯、相続公証、金銭貸借の保証、戸籍業務などです（鳥越、1994: 67-90）。

明治二二年以降、このうちの一部は、地方自治体としての市や町が担ってくれましたが、実際のかなりの業務を町内会が担いました。そしてなによりも、公の文書にはあまりでてこない、町内の祭りや清掃、また、もめ事の解決やお祝いを町内会が担いました。すなわち、生活の組織として町内会が必要だったわけです。

この組織が明治、大正、昭和、平成、令和と少しずつ変形しながら現在までつづいています。ただ、町内会と呼んでいる地域は減少して、自治会という表現が多くなっています。また、たいへん少数ではありますが、自治会（町内会）が存在しない地区も全国を見渡せば存在します。

といっても、わたしは自治会の存在しない地区に行ったことはないのですが、つぎのような経験をしたことがあります。数年前ですが、ある新聞社から電話取材がありました。その取材内容は、千葉県内の東京に近いある地区で自治会の廃止を決めた件についてです。記者の質問は、ゴミの問題や街灯の問題、野良猫の問題などをどうするのでしょうか、ということでした。わたしはそれに対して十分な回答はできませんでした。自治会を廃止したかれらは、おそらく自分たちで汗をかくのをやめて、すべて行政に電話をして解決してもらおうという考えかと推測します。ただ、行政はそんなに人員が余っているわけではありませんので、形式的な対応しかできないと思います。(4)

少なくとも自治会が存在しない地区は稀にあるようです。また、都会に多いマンションでは、マンション自体が形式的に地元の自治会に入っていますが、実質は管理組合が自治会的役割のかなりの部分を担っています。ともあれ、地区の特徴によってさまざまな差異があります。

†小学校区のコミュニティ

農山漁村部にも、都市部にも、わたしたちの国には伝統的なコミュニティが厳然と存在しつづけてきました。しかし、このコミュニティが多くの人たちの努力にもかかわらず、目下、その力を失いつつあります。とりわけ農山漁村部では、農業がきびしい環境におかれているため、過疎化が進んでいることはよく知られているところです。

都市部では主に行政のテコ入れで、いくつかの自治会(町内会)をまとめて小学校区単位の地域組織の強化をしているところがあります。それらは「○○まちづくり協議会」と呼ばれることが多いようです。たとえば神戸市では「ふれあいのまちづくり協議会」と呼んでいて、その頭に地名をつけています。たとえば「魚崎ふれあいのまちづくり協議会」というように、です。この協議会が行政と協力してまちづくりを推進しています。道路わきに花壇をつくって水やりをしたり、子どもたちのために夏休みにラジオ体操をしたりしています。

さて、このように説明をしてくると「コミュニティ」という言葉の用法がどんなものか、なんとなく見当がつくでしょう。本書ではコミュニティは、農山漁村部と都市部との区別なく用いています。そして伝統的には村（集落）や町内の組織ですが、それを併合した小学校区単位のまちづくり協議会なども含めて用いるつもりです。

コミュニティのポイントは、人びとが地域生活をつつがなく送っていくための「生活組織」であることです。行政組織でもないし、アメリカでしばしば用いられるところの人口の密集度で区別する統計上の組織でもありません。

ただ本書では、第1章に示したように、コミュニティ全般ではなく、村にポイントをおくようにします。

第３章
村のしくみ

田植えの早乙女

1　村のタテの構造と関係

この章では「村の特徴」と「村の知恵」を明らかにしていきます。その過程で人づきあいについて考えられるように配慮しています。

†家格と年齢

ひとことで日本の村といっても、じつは村のかたちにはいろいろあります。

ふつう、村は数十戸から多いところでは三〇〇戸ぐらいの家々から成り立っています。そして伝統的には家格という言い方をしますが、家々の間には家の格の差があります。格の高い家としては、まず草分けと呼ばれるその村の創設と関わった家があります。また本家・分家という同族組織がある村では本家を敬い、本家は格が高いものです。また地主として広い土地をもっている家は格の高い家とみなされてきました(1)。逆に、分家や草鞋ぬぎ(2)、田畑をほとんど持たない家は軽くみられました。

ところがこのような村とは別に、年齢階梯制村落と専門家に呼ばれる、年齢を基準にして村人の格の高低を決める村があります。その数は多くはありませんが、このような村では原則的には家格の差がありません。それを構成する家は家というよりも、世界的に共通して用いられている家族（family）という言い方が現実に合っています。一見、現在の都市サラリーマンの家族のような核家族的な機能しかないようにみえるからです。

そのような村では、自分と同世代で年上の人たちを、たとえば健次アニ、浪江アネ、というように、アニ、アネと呼びます。父母の世代に対しては、トト、カカ、オジ、オバと呼び、祖父母の世代はジイ、バアと呼ばれます。たとえば彦ジイなどと呼びます。年下の者は名前を呼び捨てにされます。つまり、村内でのその人の格は、家による家格ではなく、年齢になります。そこでは、先祖代々という発想がありません。せいぜい三世代の遠さまでの先祖への供養で終わります。また親族については、同族のような男系の発想はなく、父系、母系の区別なく、双系への広がりを持っていて、それらの家々はシンセキなどと呼ばれています。

村のなかの共同労働も、家からひとりずつという考え方ではなくて、成人男子（通常は一五歳から六〇歳まで）の全員が出る、という考え方になっています。そのため、まだお父さんが六〇歳以下でふたりの息子が一五歳以上だとそこの家族からは三人が、村の道普請などに出ることになります。

わたしは以上の説明を、若い頃一〇年間ほど調査をした鹿児島県のある年齢階梯制の村をイメージしながら述べました（鳥越、1982）。ただ実際には、ここまで極端ではなくても、家格がかなり弱くて年齢がやや重視される村など、程度はいろいろです。

典型的な年齢階梯制村落はわたしたちの国ではたいへん少数です。ただ、程度の弱い村を含めると逆にかなり高い割合になります。

†目上・目下の判断

村の構造を基礎づけている家の格（出自）と年齢というふたつの考え方、それは村というものを超えて、日本の社会構造を形成する礎石となっています。出自や役柄の高さで人の上下を判断する家格的発想と、年齢で判断をする発想とが共存しているのです（ただ、明治期以降、家柄としての出自は次第に〝個人の格〟とでもいえる学歴に特化していく傾向があります）。

この共存は村でも複雑で、たとえば家格の発想が強い村であっても、青年団（消防団）

になると、入団した年次が決定的意味をもち、出身の家格はほとんど無視されます。家格の発想の弱い村でも婚姻ということになると、家柄が少しは話し合われます。

こうしたふたつの考え方は近代化にともなって次第に弱くなっていくかというと、必ずしもそうとはいえません。若者たちもその発想を強く持っています。大学のクラブ活動では目上・目下の発想が強いのですが、たとえば二浪をしてきて、クラブに一年生として入部した〝年長者〟には、それなりの気を使わなければならないと学生たちはいいます(3)。

ただ、人の高低(上下)ということになると、村では伝統的にもうひとつの基準があります。それは経験というものです。そしてそれはいま述べたふたつのかたちの村の構造とは関係なく、どのような村にも存在します。

たとえば農業水利のための小川の整備ということになると、土と水が相手ですから、経験がものをいいます。土と水をなだめる高度な経験的技術が要るわけです。家格の差異や年齢の高低では決められません。この水利の整備など特定の課題のときにだけ「親方」と呼ばれる人が登場して、その作業中はその人が最高のリーダーで、全員がそれに従わなくてはなりません。家格でもなく年齢でもないこの三つめの人間評価の方法があることが、村構成員の間で実力の大切さを教えることになります。

写真5　斧入れ　大木を倒すときは親方が最初に斧を入れる（鹿児島県十島村、著者撮影）

　家格の上の人や年齢の上の人に敬意を払うことは子ども時代から教えられます。しかしとくに若者たちにとっては、たとえば斧を上手に使いこなす人がいて、大木の伐採作業はいつもその人が親方になるとすると、いつかそのようになってみたいという憧れとなり、そして尊敬となります（写真5）。

　前者の敬意は村の教育として教えられるものですが、経験にもとづく三つめの人間評価は自分自身の判断から出るもので、同じように見えても本質的に異なります。村々を歩いてきたわたしの経験では、そのような親方はまず仕事好きであり、正直でありつづけることを疑わない人のように思います。篤農と呼んでよいかもしれません。

　これら三つ、すなわち、「格」、「年齢」、「経験」が村での仕事上の高低を決めます。このうち年齢はお隣の韓国ではもっと強くなります。他方、イギリスやアメリカなどのアングロサクソンの人たちはあまり配慮をしません。年齢への配慮が弱いものですから、それに代わって格がたいへん強く前面に出てきます。わたしが初めてイギリスを訪れた一九七〇年代の頃は、居酒屋にあたるパブでさえも、ジェントルマン階級と労働者階級では入り口が別でした。いまはそこまで露骨ではないようです。

†親分・子分

村はみんなが共に暮らしをする場です。そのため社会秩序が不可欠です。そこには明確な上下関係があります。そこでできあがった上下の人間関係のうち、仕事などの組織化されたときの人間関係として親分・子分があります。これにはさまざまな呼び方があり、ときには呼び方そのものはないものの、この関係が機能している場合もあります。一般的には親方・子方という言い方がかなり普及していますが、ある人をオヤジとかオヤッサンと呼ぶことも多く、それは日本社会にひろくいきわたっています。

ちなみに、日本語の「親」や「子」は、生物学的な血のつながり（血縁）以外のつながりが含まれている概念だといわれます。少し年齢の高い人ならば、かつて「生みの親」という言葉が日常的に使われていたことを記憶されているかもしれません。「生み」以外の親が、普通にいたからです。

江戸時代も含めて第二次大戦後の農地改革までの長い間、日本では本家地主と分家小作というかたちが典型的にみられました。それは以下の理由によります。土地をもっている家が次男以下の男の子を分家させるとき、本家が代々継承してきた田を分家に分け与えることは、文字通り「田分《たわ》け者」と揶揄されました。ひとつの家の田を分割すると、それぞれの田の面積が等しなみに少なくなり、飢饉など災害のときにすべての家が立ち行かなくなる危険性があるからで、そんなことをするのはバカ者のすることでした(4)。

したがって、分家には少しの畑と親の代でたまたま入手した田があれば、その小片を分け与える程度でしたから、分家は自小作や小作になりがちでした。それが本家地主と分家小作という現象が生じた理由です。

これはたしかに地主と小作との関係ですから、マルクス主義経済史家が指摘するように、搾取・被搾取の関係であると指摘しても、あながち誤りとはいえません。しかし、社会学者の有賀喜左衛門《あるがきざえもん》は、それは両者の関係の本質を見誤っており、その本質は庇護・奉仕関係であると指摘しました。一九三四年(「名子の賦役——小作料の原義」(5))のことです。

この庇護・奉仕関係は、本家地主・分家小作の内実としての本家親方・分家子方を示したものです。したがって親分・子分関係は庇護・奉仕の関係をその内容としているといえます。もっとやさしく、親・子の関係といってもよいかと思います。

†庇護と奉仕

ところでここでの注目すべきポイントは、三人の子どもに相続をさせるときに、三人に平等に相続させないということです。ほとんどを長男に相続させます。ということは、農民そのものが身分差をつくっていることになります。ときの支配者が農民に対して身分差をつくれといったわけではありません。

その理由はいま述べたように、飢饉などによって危なくなったときに頼れる家が必要だったからです。したがって、分家である子方からみれば、本家である親方はいわば自分の保険みたいなものであったわけです。

庇護とは保険であり、奉仕とは保険料であるといえば分かりやすいでしょう。つまりギブ・アンド・テイクの関係なのです。奉仕の内容としては本家親方の作付けを手伝ったり、本家の庭での作業をしたりもします。労働を提供しているのです。(6)

表面的にみれば、見返りが少ないので（昼食を本家で食べるなど）、これは無償労働（タダ働き）に見えて、搾取・被搾取の関係であるというマルクス主義経済史家の指摘となったわけです。たしかに飢饉のようなとんでもない危険なことは毎年起こるわけではありませんから、その本質の部分は容易には見えません。かれらは現場から論理を立てなかったからこのような言い方になったのです(7)。

現在は保険制度などさまざまな制度が充実していますから、家ごとの経済力の多寡をつくって生き延びるという知恵は必要ありません。けれども、災害に対する防御力として、同じ中位ばかりではなくて、強弱をつけておくという知恵の意味を知っておくことは必要でしょう(8)。

このように与えられている環境によっては平等がつねに正しいわけではないのです。ある親にとっては三人の息子は平等に可愛かったかもしれません。けれども気持ちに左右されれば、それはたわけ者であって、やはり財産の平等分割はできなかったのです。

ここで注釈をつけ加えておく必要があります。じつは日本の農山漁村をみると、均分相続《きんぶんそうぞく》といって、財産を子どもたちに平等に分割して相続させる村があります。

ただ、そのような村は小さな舟で漁業をする漁村か、周辺に未開拓地をもつ畑作村に限られています。そこでは、個々の労働力のみが頼みであり、安定した収穫量をもたらす田のような土地のないところです。均分相続といっても、たいした値打ちのないものを平等に相続しているのです。そのような村はたいへん不安定な村であり、しばしば存続そのものが危うくなります。

山の奥の村で、田に適さない土地の場合でも、狭くとも田をつくりたいというのが山村民の願いでした。米は数年間保存のきく作物なのです。

2　村のヨコの関係

†現実と幻想と

村の構造上の関係はいま述べた通りです。けれども一方、毎日の生活ではたいへん強い平等な関係が作動しています。現在に生きている人たちに世代という用語を当てはめますと、世代は原則的には三世代から成り立っています。祖父・祖母の世代、父・母の世代、子どもの世代の三つです。

村ではこれら三つの世代が混在します。ただ、個別の家々を取り上げてみると、過去に遡っても、家の構成員として三つの世代がすべて存在していたことは、都会の人が想像するほどに多くはありませんでした。

なぜ村のなかに三世代家族の割合が少ないかは、つぎのような理由にもとづきます。たとえば、男の子が三人いて、長男が親の家を継ぎ、次男、三男が分家をつくると、次男、三男は親の世代を持つことができません。また、長男の家でも、父母の世代が孫を持つ前に、祖父祖母が亡くなることも少なくありません。その場合も一時的に二世代になります。(9) いろいろなケースがあるのを承知で思い切っていえば、二軒に一軒が祖父母、父母、子という三世代家族でしょうか。ただ、ある家に祖父・祖母世代や子がいるかいないかはたいした問題ではありません。

父・母の世代が実労世代で、かれらは田畑などで忙しく働いています。子どもの面倒をみるのは、祖父・祖母世代です。おじいさんやおばあさんが世話をするというかたちで孫としょっちゅう接触します。そこで大切なのは、おじいさんやおばあさんと孫は実労世代ではありませんから、現実社会から少し外れていることです。

孫は遊びながら、現実社会と夢みる幻想の社会との間を揺れ動いています。トンボが飛行機になり、花を摘むお姫様になり、お地蔵さんが話しかけます。その世界と同調するのがおじいさん・おばあさん世代です。かれらは昔話や伝説、なぞなぞなどの現実から離れる武器をもっており、これらが孫の世代の幻想を一層助長します。

人生の幼少期に幻想（夢）を抱くことの重要性については、いろいろな説があります。それはおそらく、人間が現実世界の底につねに幻想を抱きつづけていることと関連があるのでしょう。昔話や伝説が存在しつづけた理由のひとつがそこにあります。

現在は、とくに都会においては、このような環境は崩れています。父母が子どもに童話などを読み聞かせることで、いわば代替しているのです。けれども、これは働いている父母にとっては少し過重労働かもしれません。そこで父母はテレビのアニメ、あるいはゲーム機やスマホでのゲームなどに依存するところがあります。

おじいさんやおばあさんが昔話や伝説を聞かせるときには近所の子どもたちも集まってきており、逆に自分の孫だけに聞かせることのほうが少ないかもしれません。それが先ほど、ある家に祖父・祖母世代や子（孫）がいるかいないかはたいした問題ではありません、といった理由です。この祖父・祖母世代と子どもの世代との関係は、家という枠組みを超えて、近所にまで広がっています。

†技と作法

祖父・祖母世代はまた子どもたちに大切な技や作法をさりげなく教えています。多くの人が思い出すのは竹トンボの作り方などでしょうが、遊び道具の作り方に止まらず、昆虫や魚の捕り方、食べられる植物やその加工の仕方なども教えます。こういう技術的なことだけではなくて、生き物に対する感謝の気持ち、田畑や山への入り方、川や池での遊び方、また大人（父・母の世代）への対応の仕方などの作法をもさりげなく教えます。

この〝さりげなく〟というのがミソです。このさりげなさを理解してもらうために、わたしが経験した例を出しましょう。兵庫県のある市の話です。

そこでは行政の指導でまちづくり活動が行われていました。空き家となった商店街のひとつの家を市役所が借り受けて、小学校が終わっても両親が働いていて家にいない子どもたちが五、六人集まっていました。ボランティアのおじいさん・おばあさん世代の人たちが数人、子どもたちと一緒にいます。いわゆる学童保育です。

そこに近所の人から焼き芋の差し入れがありました。

おじいさん・おばあさん世代の人たちが差し入れをしてくれた人に「どうもありがとう」と口々にいいました。そうすると子どもたちもまねて、「どうもありがとう」「ありがとう」と競うようにいいました。おじいさん・おばあさん世代の人たちが「おいしいね」というと、やはり子どもたちは「おいしい」「おいしい」と口々にいいました。焼き芋を持ってきた人はとてもうれしそうでした。

　おじいさん・おばあさん世代の人たちは、わたしの質問に対して「しつけなどはしていません」といっていました。しかし、これは立派なしつけになっています。父・母の世代の人だと子どもたちに「お礼をいいなさい！」というようなしつけをしがちです。けれども、祖父・祖母世代は子ども世代と一体化（仲間化）した雰囲気で対応していますから、〝しつけ〟をしている感覚がないのです。

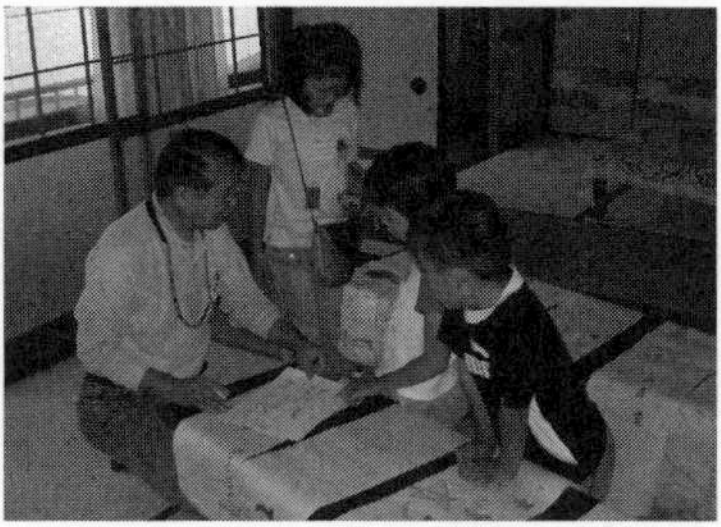
写真6　おじいさん・おばあさん世代による絵入りの障子づくり（兵庫県相生市、著者撮影）

　しつけとは本来はそのようなものかもしれません。もっとも、子どもたちがもう少し成長すると、しつけも様相を異にした厳しいものが登場します。それはしつけというよりは、村のルールをマスターさせるものになっていきます。
　このように祖父・祖母世代と子ども世代の交流は、家格や年齢の違いによる上下とは無関係の平等な関係として存在しています（写真6）。
　ところで、つぎに述べるように、これとは別に制度化された家々の平等関係があります。この制度化された平等関係も日常生活に不可欠なものです。

†ヨコの関係の強い村落構造

農村社会には構造として強いタテの関係があります。けれどもタテだけではなくて、不可欠な関係としてのヨコの関係もあります。農村社会学者の福武直《ふくたけただし》はそれを講組《こうぐみ》関係と呼びました。福武は村落構造そのものとして、東北日本にはタテである同族関係を基礎においた村落、西南日本にはヨコの関係を基礎にした講組村落が多いと指摘しました（福武、著作集第四巻、1976［1949］: 38-39）。

大まかにいえばその指摘通りです[10]。ただ、地域による差異だけではなくて、東北地方に多いタテを基礎においた村落でもヨコの関係が不可欠でした。またヨコの関係に基礎をおいた村落でも、大地主は村内で権威がありましたし、逆に私有地をほとんど持たない農民は軽くあしらわれることが少なくありませんでした。ともあれ、一般に想定されるよりも、農漁村ではヨコの関係が大切でした。

農村では、そして三〇年ほど前までは都会でも、葬式というと隣近所が集まってその手伝いをするところが多く見られました。葬式に限らず、結婚式や正月からはじまるさまざまな祭礼などの年中行事は、隣近所で集まって相互に手伝いました。その手伝いをしあう家相互の関係においては、家格や田畑の持ち高、収入の差などは原則的に問題になりません。フラットな関係です。

村にはその下位組織として組やカイト（垣内）と呼ばれる地域組織が、ほとんど例外なく存在します。都会にみられる自治会の班をイメージしてもらえればよいかと思います。この組が隣近所で集まっての互助組織になります。

また、相互扶助だけではなくて、たとえば村仕事といって、村全体でする労働がありま す。道普請や水利の整備・掃除などがそうです。ただ、小範囲の整備や掃除の場合は、この組だけで行うことがあります。

この組はいわば〝近所力〟を保証するものです。空間的に近接しているということは、いざというときにとても助けになります。すぐ近くに家族以外によく知っている人が〝存在する〟ということです。本来これは生活上不可欠な人間関係ですが、現在、わたしたちの国ではこの関係性が弱まってきています。

とりわけ都市住宅地における「近所関係」の弱化にともない、現在、行政が音頭をとり、声掛け運動やお弁当を配る運動などをして高齢者の孤立化を防いでいます。また子どもへの配慮は、共育プラザや子ども食堂などで対応しています。

この近所力の減少というのはゆゆしい問題ですが、これは日本に限らず、いわゆる先進国に共通する課題であり、現在のところ特効薬はみつけられていません。ただ日本国内にも近所力の強い地域がポツンポツンと存在するので、そこから学ぶことができるかもしれません。

現在のところ、それぞれの地方自治体は、孤独な高齢者に対しては、ひとりで在宅している妊婦に対しては、かぎっ子に対しては、というふうに課題に個別に対応しようとしています。総合的な近所力を上げるのはコミュニティの強化以外にはありえません。

†信仰的な講の裏のはたらき

ヨコの関係のひとつとして、一般にはあまり知られていないものの、農山漁村ではとても大切にされているものとして講があります。講には頼母子《たのもし》という経済的な講もありますが、農村の生活のなかでは信仰的な講が根強く存在しています。

ありふれた講としては、おばあさんがよく集まる観音講(ババ講ともいう)、若い主婦が集まる子安講《こやすこう》、戸主が集まる日待講《ひまちこう》、特定の日に全員があつまる庚申講《こうしんこう》、他に伊勢講、田の神講、山の神講、関東に多い二十三夜講など、たいへん多様な講があります（写真7）。これらの多様な講は豊穣な生産を祈願する講と平穏な生活を祈願する講とに、大きくふたつに分けることが可能です。

写真7　笑い講　変わった講として参加者全員が笑う「笑い講」がある。これは豊作祈願をするもので、日待講が変形したものと推察される（山口県防府市、筆者撮影）

講の働きについて説明をすると、村の生活のなかでの講の必要性がよく分かると思います。もちろん、これらの講は宗教的な講ですから、たとえば観音講だと仏教信仰にもとづいていて、お堂などで観音経や念仏を唱えたりします。また、日待講は、戸主たちが、そのときに講宿と定まった家の床の間に掲げられている「天照皇大神」と書かれた掛け軸に手を合わせます。

表面的にみれば、信仰にもとづいて集まっていることになります。ですが、よく見ると戸主たちは日待講の日、講宿の家を訪問するとそのまま床の間まで行き、手を合わせほんの少し頭を下げて、それで終わりという村が少なくありません。では何のために集まっているのでしょうか。

観音講で説明をしましょう。講は仕事を終えた後になるので、ふつうは夜に行われます。ババたちはお堂に集まって、百万遍の大きな数珠を回しながら、観音経を唱えます。そして無病息災などを祈願します。ここまでは講の本来の目的です。

ところがその後に結構な時間をとります。お茶と駄菓子を食べながらの嫁などについての雑談会です。苦労話や、非難が多く、ときには自分の家の嫁の自慢などが混じります。お互いに「そのぐらいなら、お宅の嫁はまだましよ、うちはもっとひどい」というような話で、情報交換と慰めをやりとりします。この雑談がとても楽しいようです。集まった人たちの本来の目的はこの雑談のほうにありそうです。

若い主婦たちも子安講で集まります。子がすくすくと育つように神様にお祈りをするのが講の本来の目的ですが、観音講と同じように、集まった人たちの本来の目的は雑談会です。聞いていると主に姑や夫の話です。日待講という戸主だけの集まりの場合は、その後に酒を飲んでの雑談会です。戸主ですからさすがに農業や村の話が多いようです。

すなわち、わたしが「すごいアイデアだな」と思うのは、夜に家から出かけるときに、おばあさんは、息子や嫁から「ご苦労さま」といわれて、胸を張って観音堂に向かえることです。なぜなら本来の目的はご先祖を拝んだり、無病息災を祈ることなのですから。嫁も同様に「ご苦労さま」といわれて出かけられます。それはそうでしょう。子がすくすく育つように神様に祈るために出かけるのですから。表向きは、姑や夫の噂話をしあうために出かけるわけではありません。もっとも、姑や嫁も本来の目的をよくわかっていますし、どんな話をしているかはうすうす知ってはいます。それでもやはり「ご苦労さま」といって見送るところがミソです。

お互いに気持ちがよいではありませんか。気晴らしになる抜群のアイデアだとは思いませんか。これが講という表向きの用がなければ、うちのバアさんは、あるいは嫁は夜にノコノコ出かけて、と批判的な発言が出てお互いに不愉快になるでしょう。これもつきあいをうまくするアイデアのひとつです。

3　人間と自然

内山節《うちやまたかし》が「自然の作用と人間の労働が和解しあっていくなかに作物は育っていく。その感覚が私にとっての自然と人間の精神的交通」(内山、1988: 111)である、といっています。

村では、人びとは自然とどのようにつき合っているのかを少し丁寧に述べておきましょう。

†採取から開墾へ

村には農村、山村、漁村などがあります。現在は林業が振るいませんし、林業が盛んなときにも山村では農業をしていたので、基本的に農村と漁村を考えればよいかと思います。人類の歴史のなかでは、非常に長い間、採取経済で生活が成り立っていたといえます。田や畑での植物の育成や牧畜は、人類の長い歴史でみれば、比較的あたらしいものです。その結果なのかどうか、いまでも農漁村での実際の食事内容をみると、都会の人が想像するよりも山や川などから直接得た採取物に依存しているのが分かります。

なによりもまず、漁業は採取経済です。最近でこそ養殖が盛んになりましたが、それでもほとんどは海洋や河川での自然の魚やエビ・カニなどの捕獲です。農業における田畑での耕作は漁業での養殖にあたります[11]。

日本は山が深くまた広大な面積を占めていたので、人口が少なければ山にいるだけで生活をすることも不可能ではありませんでした。戦国時代など戦《いくさ》が長引くと、農民はよく山に逃げました。そこでも暮らしていけるだけの食料を手に入れることができたからです。

また、山は原則的には封建領主の支配地ではなかったので、支配からも免れたのです。

近代になってからでも、東北地方に伝わることわざに「いじわるオバのところにいるよりも秋の山に行け」というものがあります。これは「両親を亡くして、いじわるなオバさんのところで苦労をするよりも、山に行って暮らしなさい」という意味です。とりわけ、秋の山は豊富な食料を供給してくれました。

山には秋になると豊富に果物があり、さまざまな食べられる草があります。春の七草は新年七日の七草がゆに用いますし、第二次世界大戦時の食糧難の時代には夏の七草といって、食べられる野草の情報が広まったこともあったようです。

山には鹿やウサギやイノシシや熊がおり、それらは簡単には入手できなかったものの、貴重なタンパク源でした。タンパク源としては、山には必ず小川があり、そこからイワナ・ヤマメなどの魚やサンショウウオを簡単に捕獲できました。それは子どもたちでも捕獲できるものでした。池や沼があると鴨も飛来しました。

問題は炭水化物です。日本では多くの山芋が自生しています。山沿いの場所に、あたらしく住宅や工場がつくられることがあります。そういうところでは、生け垣やフェンスに沿って山芋のツルが伸びているのをよく目にします。山芋はとても強い植物なのです。

芥川龍之介に「芋粥」という作品があるのをご存知でしょう。山から集められた丸太のような大きな山芋が二、三千本むしろの上に積まれたという描写がこの小説に出てきます。これは『今昔物語』から素材をとっているので、かなり昔の話ですが、ともあれ、この芋粥のイモとは山芋のことです。サツマイモではありません。小説ですから、「丸太のような大きさのものが二三千本」とは大げさですが、現在でも、経験者なら山に行けば、一メートル近い長さの山芋を簡単に掘り出せます。

山芋と聞いて懐かしく思い出すのは、わたしより一五歳ほど年上のジンメル（Georg Simmel）を研究している社会学者のことです。その人は休日になると野仏の写真を撮るのと、居住地の大阪府の箕面《みのお》山で山芋を掘るのを趣味にしていました。

このように豊富な自然環境に囲まれて日本の農山村は存在しているのです。けれども、人口が増えれば、山野を開墾して田畑をつくらなければなりません。厳密にいえば、田畑から物を収穫するという行為は自然の法則に少しだけ違反します。

その少しだけの違反に対処するために、日本の農村は山と水に対し技術的コントロールをする必要がありました。また違反しているという心苦しさをなだめるために、村人は自然に対し「感謝」や「お返し」「謝罪」をするという対応をします。反省をしつつ手のひらを返すようですが、豊作や豊漁を願うという挙動に出ます。「お返し」「謝罪」はイメージしにくいかと思いますが、漁業でいえば、「お返し」というのは、初の漁獲物のうち一番大きな魚を、漁業の神の夷《えびす》様や弁天様に捧げることや、食べ残したものを土や川に返すことなどです。「謝罪」というのは魚の供養塔が分かりやすい例でしょう（写真8）。

これらは生きるための矛盾した行為であるので、さまざまな自然の象徴として自然神たちをつくり、それらの神々に手を合わせました。神々に頭を下げることで自分たちを納得させたといえるかもしれません。(12)

写真8　魚の供養塔　この石碑には「魚類供養塚」とある。（大正5年、新潟県八郎潟、著者撮影）

†人間参加型自然

日本ではコメはとても貴重なものでした。コメはイモと違って数年間の保存がきくので、不作や、お城に籠もるような戦に対応できます。そのため、明治以前の時代では、コメで年貢を納めるのが原則でした。結果として、農民たちはコメをつくることに集中しました。

よく知られているように、コメは日本の在来種ではありません。他所から持ってきたものです。サツマイモについては琉球国の『球陽』という歴史書に記されていて、中国から琉球を経て鹿児島に入ってきた経緯が明確です。一六〇五年に中国から琉球国の総官《そうかん》の野国《のぐに》がサツマイモを「盆に植えて」持ち帰ったという、詳しい記述が残っています。けれども、コメは原産地や到達経路についても諸説があり、まだ全容が解明されてはいません。

ただ、ここで述べたいポイントは、コメは日本の在来種ではないので、日本の自然の中では十分な生育ができないことです。コメは乾季・雨季がハッキリしている地域のほうがよい生育をするようです。そのため、乾季・雨季が明瞭でない日本では、〝人工的に〟乾期と雨期をつくる必要がありました。とりわけたいへんなのは、雨期の形成です。

日本でも一部の田んぼには十分すぎるほどの水が来るところ（湿田）がありますが、多くの地域では水不足が常に農民を悩ませました。

雨乞いという行事があることは知られているでしょう。雨乞いはかつては国家行事で、天皇が吉野山の水分《みくまり》神社や伊勢神宮などに雨乞いの使者を派遣していました（鳥越、2003:

45-46)。このように、遠い昔は雨不足は国家的な問題だったのですが、基本的には雨乞いは村の行事でありつづけました。山の神や水の神という神頼みも行いつつ、それと並行して技術的な工夫をしてきました。

分かりやすくいうと、一枚の田んぼは、スープ皿のようになっていて、水が漏れない工夫がなされているのです。上から見ると田んぼは土ばかりですが、土だけではせっかく注入した水は下に浸透していって、田んぼの表面から水がなくなります。田植えの後に、田んぼに水が満々と湛えられていることを不思議に感じませんか。じつは田の底は粘土でかためられていて、水が浸透しなくなっているのです[13]。

けれども、底だけでは水は横から漏れますね。それを防ぐために畔塗《あぜぬり》をします。秋田で農業をしている方の文章をここで紹介しておきましょう。畔塗の気持ちが生き生きと表れています。

> 畔塗りは、「荒がき」といわれた一番代《しろ》と仕上げをする二番代の間に行われた。四本鍬《くわ》で、よくこねられた飴〔水あめ〕のような土をすくいとって畔に打ちつける人、それを平鍬でぺたんぺたんと押えてからすうっとなでつけていく人、それぞれ呼吸を

合わせながら一枚、一枚の田圃を額縁にはめこむように縁どっていくのであった。見わたすかぎりの水田耕野が、黒々と光る無数の畔に仕切られ、はじめて田圃の形をととのえてゆくさまはまさに壮観であった。それは、水もれを防ぐという機能的な面もさることながら、「ここに我の田があり」とする農民の所有の証しであり誇示でもあったのである（佐藤、1992: 154）。

わたしなど素人はどうしても機能面だけを考えてしまいますが、それを実際に行っている人たちには「ここに我が田あり」という誇りが同時にあることを教えてくれました。ともあれ、このようにして水漏れを防いでいるのです。

雨期というには恥ずかしい程度ですが、日本には梅雨があります。おそらく田んぼの面積が少なければ、この梅雨で対応できたかもしれませんが、人口の増大に合わせて、できるだけ多くの田んぼをつくろうとしてきたわが国では、当然水が足りなくなるわけです。技術面ではそれがいわゆるスープ皿をつくる工夫でした。

田植えの時期になると、見渡す限り田んぼが広がる平野全体が、いわば人工の雨期になります。すなわち、水が満々とたたえられて、人間がつくった湿原になるのです（写真9）。

夏の終わり頃になると田は水を落とします。乾期になるわけです。

また、田んぼまで水を導入するために、河川の堰《せき》や込み入った用水路を作ったりもして、その保全のために多くの農民が汗を流してきました。このように田だけを考えても、人間は自然に手を加えてきました。もちろん、畑は開墾というかたちで野に直接人間が手を加えたものです。

写真9　人工的湿原の現出　田植え時になると日本の稲作地は村のまわり全体が人工的な湿原になる。（神戸市西区、著者撮影）

このような自然をどう呼べばよいのでしょうか。堅い言い方をすると二次林と同様な言い方で「二次自然」ともいえますが、「人間参加型自然」とでもいっておきましょうか。こうした田畑、用水路や川、それとつぎに述べる山も同様ですが、現代人はこれらをある種の自然とみなしているので、とりあえずこのような表現を使ってみたのです。

†山が荒れる

田に十分な水を供給するためには、山を整備する必要があります。農民はつねに山に注意を払いました。この山からの水を差配する神さまは、山であるので山の神であることもあるし、水なので水の神であることもあります。つまり混在しています。奈良の大和平野を見下ろす吉野山には先ほどふれた「水分神社」がありますが、これは水の神です。

農民たちはまた、神さまにお願いをするだけではなくて、山肌を鍬でコツコツ打って山の水の流れを整備しました。さらに、木の伐採や植える木の種類にも注意を払いました。このような作業を指して、田や飲用の水不足を避けるために、里人たちが山のなかで「水を創造」しているのだと比喩的に表現しても過言ではないでしょう。

また、山はさまざまな幸《さち》を里人に与えました。先に述べた食料だけではなくて、他に肥料、燃料、建築材をも与えてくれたのです。

江戸時代に記された『耕稼春秋』(宝永四年)という書物があります(土屋、1707)。著者の土屋又三郎はいわゆる篤農と呼ばれる人です。

土屋は「田畑に続いて特に山林を重視すべきである」といって、木を植えることによって、「人々の働く仕事が増加することになる。したがって、老人、身体の弱い者、身体障碍者、またよるべない孤独の者までも、それぞれに能力に応じて器物の製造などの手伝いに従事することができ、無駄に（原文は「空しく」）衣食を費やすことなく、しかも飢餓の難も逃れることができるのである」と指摘しています。[14]

なかなかの見識であると思います。

山林に対するこうした考え方は、江戸時代にかぎらず、基本的には現在までつづいています。〝基本的には〟と言ったのは、安い外材の輸入など、いろいろな問題が山林にも起こり、必ずしも土屋の言ったとおりにはなっていない側面があるからです。しかし、その精神はキチンと受け継がれています。

山はこれほどの豊富なものを人間に与えてくれるのだから、里人たちが山の保全に多くの労力をかけたであろうことは容易に想像できるでしょう。日本の村の各地で使われている言い方ですが、人びとが山の手入れをしなくなると、「山が荒れた」といわれます。

これは「山は人間の手が入らない純粋の自然が望ましい」という都会の人たちの主張しがちないわゆるエコロジー論とは大きく異なります。自然保護に熱心な人たちは、自然に人の手が入らなければ入らないほどよいのだと考えがちだからです。

しかし、この種の自然保護を目的としたエコロジー論は、農業をする人たちとは反対の考え方です。もっとも自然保護にはさまざまな考え方や政策があります。ただ、環境社会学者でもあるわたしは「生活環境主義」という用語を用いながら、農民のこのような生活を基盤とした行為こそが自然環境を守るのだと主張しています。人が山に手を加えないと山が荒れるという農民の考え方に同調しているのです[15]。

†肥料

農民は田畑から作物を収穫します。ある土地空間から作物を取り出すということは、その土地からエネルギーを取り出すということを意味します。

毎年、エネルギーを取り出していたら、その土地はエネルギー不足(「土地が痩せる」と表現します)になります。そのため、エネルギーを補給しなければなりません。田に入れる肥料のことを田食《たじき》と呼んでいる地方がありますが、文字通り、肥料は田のための食料なのです。

では、肥料はどこから補給するのでしょうか。川や池からの藻の利用や、海からの干鰯《ほしか》、家庭からの屎尿《しにょう》などもありますが、主に山から補給されます。肥料になるものを山から取ってきて、田畑に鋤《す》き込みます。養分の多い黒い土を直接入れることもありますが、主に、若枝、下草、落ち葉などを利用します。

里に近い山は、しょっちゅう下草刈りや落ち葉掻《か》きが行われるので、そこ自体が痩せた土地になりがちです。そういうところは痩せた土地で生える赤松の林になります。そして赤松の根に寄生するマツタケができるのです。

ただ近年は、化学肥料などを用いることになったので、下草刈りがあまり行われなくなった結果、赤松が弱り、マツタケもとれなくなりました。ともあれ、農村の田畑に近接する山を見てください。現在でも赤松の山が多いことに気づかれると思います。赤松というのは本来は、山の頂上近くの岩だらけの場所に生える松なのです。

こうした状況から、日本の農村において、山を持っていない農村はないと断言してもよいでしょう。もちろん、ひとつの農村に山がひとつずつなければならないというわけではなくて、たとえば六か村共同入会《いりあい》の山などもあります。けれども、基本的には、自分たちの村には自分たちの山があります。すなわちここでいいたいのは、田畑と山とがセットになっているということです[16]。なお、ここでいう山は必ずしも、勾配のある一定の高さをもっている山を意味しません。

関東平野の多摩川周辺には勾配のある山が少なく、平地に山(木が繁茂しているところ)があります。有名な武蔵野の林というのはこれを指します。野であったところに、必要があって木を生やして林にしたものです。これを平地林と呼びます。「必要」というのは、いま言ったように田畑のために必要という意味なのです。

まとめますと、農民は田畑だけではなくて、山や川にもつねに丁寧な手入れをしていました。それは農業生産には山や川が不可欠であったからです。これらの維持のほとんどは共同作業でしたから、個別性よりも共同性が強調されることになりました。

村の空間的構成

以上説明してきたことを地域空間に置き換えてみましょう。図1のように、村にはその中心にAと示している人びとが住んでいる居住空間があります。そこに家々が建っているわけです。日本では多くの村では家々はかたまっていて、すぐに隣の家があるのがふつうです。その外側にBと示している田畑の耕作空間があります。さらにその外側にCと示す山があります。

また図1では、AやBやCを貫いて太い線が通っています。これは水の流れです。山から水が流出して田畑を潤します。そしてAの居住地のなかを流れて、Bの田畑を通過し、山の低いところを流れる川を通じて隣の村に流れていきます。あるいは地域によっては隣村ではなくて、直接海や湖に流入します。

この図は模式図ですから、現実には存在しないのですが、つくるにあたっては滋賀県のある村を頭に描いて作成しました。

そこでは自分たちの山と隣村から流入してきた水が小川を形成しており、その小川は別の隣村を経て琵琶湖に流出しています。また、神社は本殿の後ろが木々の茂る山となっており、神社から振り返ると、すぐ目の下に集落があります。その先に広い田が広がっており、さらにその先にさざなみの光る琵琶湖が見えるという風景です。小高い丘の上（山の一部）の墓地からは集落と田畑が見下ろせます。琵琶湖はともかくとして、この模式図のような村に出くわすことは日本各地で多いことと思います。

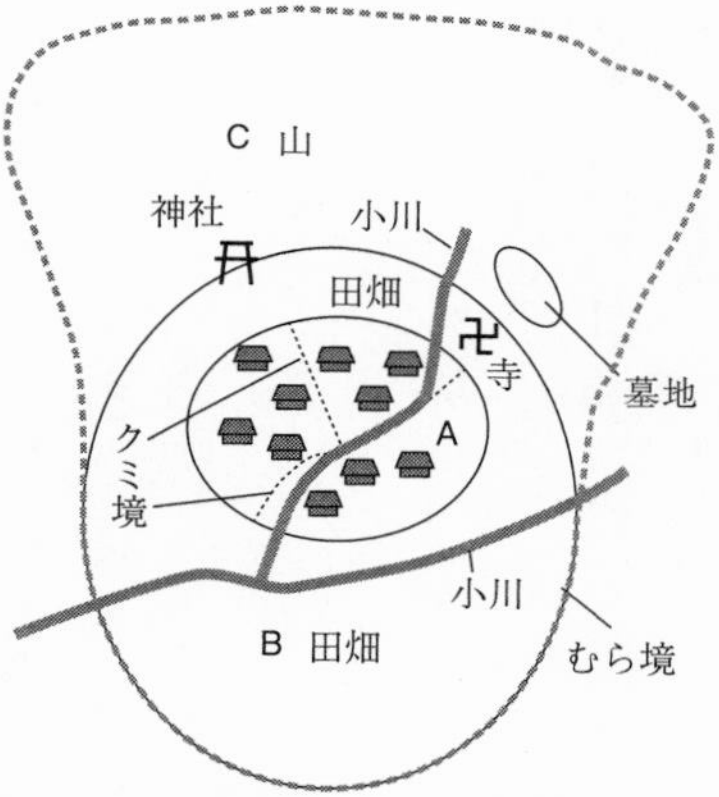

図1　村の空間配置の模式図（出典：鳥越、2007: 14）

なお、山から流出した水は田畑の空間を通ることがあるものの、原則として田畑の用水としては使いません。山からのきれいな水は村に入ってまず飲用水として用い、その下で食物の洗いや洗濯水として使います。そしてその後はじめて田畑の用水として使い、それの残ったものが川に流入して隣の村のほうに流れていくというかたちになります。

†村の山と水

このような村の空間構成を示したのは、村というものはたんに人びとの居住空間と田畑だけで成立しているのではないということをいいたかったからです。山が生産上不可欠で、それは通常、村の地域の一部です。もうひとつ生産上不可欠な水は、動的なものなので、村のなかに入ったときは村の水として村のルールのもとに使用しますが、その水が村外に流れ出したときには村のものではなくなります。

こうした水についての考え方を、魚のコイを例にして説明しましょう。たとえば村内を横切っている川をコイが泳いできて、それが村内領域に入れば、そのコイの捕獲のルールは村内のルール（捕ってよい場所、捕ってもよい人が決まっている）に従います。しかしコイがさらに泳いで、村から外に出ると、すでにそのコイは村の占有物でなくなるので、村のルールで捕獲する資格を失います。泳いでいるコイはそんなことはちっとも知りませんが、コイは川の水と同じように動いているので、水の使用ルールと類似しているのです。

以上、ここでまとめておきたいことは、村が自然と深くかかわっているというとき、それはたんに田畑があるから自然とかかわっているのではないということです。田畑の生産の性格上、山と水は村にとって不可欠な要素であり、それらがあってはじめて村を構成でき、そのような村が総体として自然と深くかかわっているのです。

†自然と争わない

近代社会では〝対象を克服する〟ことが奨励されました。とくに自分にとってマイナスとなる〝障害を克服する〟ことは是とみなされています。

しかし、農業や漁業など自然と深くかかわってきた人たちは、自然を克服しようとは考えていません。日本ではさまざまな自然の神をつくりました。水神、風神、日（火）の神、雷神、樹木の神、山の神、田の神、野神など、たいへん多くの種類の自然の神がありますの（次頁写真10）。そして、なんらかの理由で困ることがあると、これらの神さまにお願いをしました。

しかし神さまはいつも願いごとを聞き入れてくれるわけではありません。技術的な工夫

写真10　風の神　風袋を背負っている。強風は米などの農作物を傷めるので、風の強い地域では風の神を祀る（新潟県魚沼市、著者撮影）

もしつづけましたが、それにも限度があります。

そんなとき、どうするか。〝自然とは争わない〟ことを原則としたのです。すなわち、自分たちの受けたマイナスをそのまま受け入れて、あくる年を待ちます。このような言い方をすると、ずいぶん消極的でマイナスの思考に見えますので、ここでひとつの例を引用しておきましょう。

このような考え方を群馬県上野村にしばしば通ったり住んだりしている哲学者の内山節がうまく説明してくれています。

夏から初秋にかけての長雨で傷手を受けた秋野菜は、今度は乾燥した畑の上で成長をとめた。

「何もかもうまくいかない年だね」

村人はあきれ顔で空をみあげ、その年をやり過ごそうとしていた。

自分たちの手で解決できないときはやり過ごす。そして新しい時がくるのを待つ。村の暮らし方を知る前の私なら、このような対応の仕方は好まなかったことだろう。むしろ、困難にたち向かっていく人々の姿のほうに、人間の美学を感じたかもしれない。しかしいつの間にか私も、そんな能動的な人間の対応が万能のものではないと思うようになった。

内山はこのような思いを述べた後に、つぎのように結論づけます。「山里で自然と人間が結んだ約束は、変革ではなく、自然と人間が永遠に無事な関係[17]を維持していこうということである。そのためには、自然に逆らう生き方はよくない」（内山、2015: 176-177）。

ここでは〝永遠に無事な関係〟がポイントです。自然とそのような関係を保てればこそ人間は生きていけるのだという自然観なのです。

4　村での仕事と権利

†トレードオフと話し合いの重要性

村というコミュニティにおいては、お互いに協力をする仕事が多いことは容易に想像できるでしょう。

それは生産維持と生活維持というふたつの目的とかかわっています。生産維持の仕事の多くは共同労働のかたちをとります。農業や漁業、林業は、自然を相手にする仕事であるからです。すでに見たように、たとえ田畑や山林などの土地が個人所有であっても、自然のシステムは個人所有されていません。そのため共同で判断し、共同で管理・労働せざるを得ないわけです。先に田畑に不可欠な水について説明をしましたので、この指摘に納得していただけるかと思います。とはいえ話を明確にするために、生態学の知識を使って少し論理的に述べておきましょう。農業などの「自然のシステム」は生態系（生態システム）であるからです。

定義なので少しむずかしい表現になりますが、「ある一定の地域空間に存在する生物とそれをとりまく非生物的環境要因（物理的・化学的な要因）をまとめて、そこに一定程度の閉じたシステムが存在する」とみなした場合、それを生態系と呼びます。たとえば池でいうと、そこには魚や藻という生物と、水や泥や熱などという非生物的要因とが池というかたちで、ある程度閉じたシステムとして存在している生態系になります。

ここからがポイントですが、この生態系がもつ働きのうち、「人びとに利益をもたらすもの」を「生態系サービス」と呼びます。農民はこの「生態系サービス」を最大限にする（できるだけ多くの収穫を得る）必要があります。たとえば、自分の田んぼのすぐ横に、八幡様の杜《もり》があって、そこの高い木々が田んぼに影を落としていたら、イネの光合成に支障を来して、生態系サービスの効率が落ちます。そこで、この木を伐ってもらう必要があります。ただ八幡様の木を伐るとなると、これはもう個人の判断ではできないことで、村の判断となります。

その判断の目安は、生態系サービスのトレードオフをどうするかということになります。そもそも生態系サービスには、ひとつの生態系サービスを向上させると、①他の生態系サービスも向上するという「相乗効果」の側面と、②他の生態系サービスが劣化するという

「トレードオフ」の側面があります。この場合は、「トレードオフ」の関係ですから、解決には丁寧な話し合いが求められます。

国連が主導して行われた「生態系評価」というものがあり、そこでは、生態系サービスについて、四つの分類がなされています。すなわち、供給サービス（食料品、衣服の繊維、燃料など）、調整サービス（水質浄化、有機性廃棄物の分解など）、文化的サービス（精神的満足、宗教など）、基盤サービス（光合成による酸素の生成、土壌形成、水循環など）です（Millennium Ecosystem Assessment 編、2007: 65-74）。

この分類にしたがうと、先ほどの八幡様の木の問題は、供給サービス（食料）と文化的サービス（宗教）とのトレードオフです。

むずかしいのは、村での話し合いは、同種のサービスのトレードオフではなくて、この例のようにしばしば異なる種類のサービスのトレードオフの問題となるところです。そのために村が大幅に介入するとともに、丁寧な話し合いが必要なことに気がつくでしょう。

各村には、この話し合いを進める基準として、研究者がローカル・ルールと呼んでいる地元のルールがあります。このルールは国がつくった法律に反しないようにしているのですが、生活を第一においていますから、実際には反することがあります。その場合は、内々に自分たちのルールのほうを優先させます。

†リーダーを悪者にしてもよい理由

さて、先ほどの話に戻りますと、八幡様の木を伐ることは、村のルールでは原則として禁じられています。これは日本のほとんどの農村に存在するルールで、これによって、わが国の神社林が原生林に近いかたちで守られている場所もあるのです。

たしかに、神さまが宿るところなので、神社林を伐ることはよくないことではあります。ただ、いま〝原則として〟という用語を加えたように、一〇〇年単位でみると、案外よく伐られています。したがって村での話し合いは、原則を守ろうとする正論派と、生きていくためにはしょうがないという現実派との論争になるわけです。

こんな議論は、明確な基準が成立しませんから、全員で賛否を決するか、村の中心の人（江戸時代だと名主など）が、「それでは」といって最後に決着をつけます。後にしこりが残らないよう、後者（名主などのリーダーの判断）を選ぶことが多かったようです。

繰り返しになりますが、このことでもって村は封建的であると判断しないでください。村ではその後も毎日みなが顔を合わせるわけですから、しこりが残るのはマズイわけです。

あの人が賛成に手を挙げ、あの人が反対に手を挙げたと記憶されると後々まで尾を引きます。リーダーをとりあえずの〝悪者〟にしたほうが都合がよいわけです。こうしたことに自覚的なリーダーがすぐれたリーダーなのです。現代の組織にも同様のリーダー観は生き残っていて、課長や部長、社長などを経験された方は心当たりがあることでしょう。

このように農林漁業という自然システムと深くかかわっている仕事においては、すべての事柄において、個人独自の判断はできなくて、関係者との話し合いが不可欠になっていきます。村というのはこのようなシステムなのです。

†村の生活維持

村の人びとはたんに農産物などの生産活動をしているだけではなくて、そこで暮らしを営んでいます。経済学的にいえば、「消費生活」をしているともいえますが、社会学的にたんに「生活」をしているといっておきましょう。

生産維持と生活維持とに分けられますが、現実の場においては、両者はそれほど明確に区別できるものではありません。ひとつながりになっています。たとえば、楽しみとして川で魚釣りをしているとしましょう。これは余暇ですから、生活（消費生活）のほうに入ります。ところが、この日は立派なコイが釣れたので、家に持って帰ると奥さんは大喜びで、家族みんなでこのコイの料理を食べました。その結果、釣りは生産活動になってしまいました。山での山菜採りなどもこれに似ています。

この例は、文化人類学者の松井健《まついたけし》たちが主唱したマイナー・サブシステンスというものです。マイナー・サブシステンスとはメジャー・サブシステンスの対語です。サブシステンスとは生業のこと、つまり〝なりわい〟です。マイナーというのは、主要ではない、副次的なという意味です。

メジャー・サブシステンスとはそれで食っているというようなもので、農業では稲作が典型です。それに対し、マイナー・サブシステンスはそれで食っているのではなくて、趣味でそれをしているというようなものです。マイナー・サブシステンスのポイントは、〝楽しみ〟を第一においてそれをしていることにあります。

また、山菜などを採るときには、一年後もうまく生えるように、採ったあとを手やスコップで簡単に地ならしをしておくのが普通です。それを労働と呼ぶと大げさですし、別に楽しみというほどのものでもないという行為があります。これを文化人類学者や社会学者は「半栽培」と呼んでいます。

わたしはやや山がちなところに住んでいたことがあって、近くに自生しているヤマイモのムカゴ（葉の横に生えてくる可食性の豆状の芽）を、パラパラと庭の隅にばらまいておいたことがあります。数年経つと細いながらもヤマイモができたまではよかったのですが、イノシシがそれをとりに来て庭が荒らされ、ひどい目にあったものです。このパラパラとまいたのを半栽培と呼びます。

このような例を出したのは、生産と生活（消費）は村の暮らしのなかではふたつの点として対立する概念ではなくて、線上につながっているものだと指摘したかったからです。つまり、村の組織や仕事（手間と呼ぶ地域も多い）においては生産分野と生活分野とは区別しにくく、両者は類似したものであるということです。

†共同労働と共同占有

いまいったことをまとめながら論を進めましょう。農山漁業は自然システムと深く関係しています。この自然システムとの関係性のゆえに、村の構成員の共同労働とそれを行うための共同の組織が成立します。

また自然システムの空間をしばしば共同占有をすることになります。田の肥料を得るために山を共同占有するというようなことです。そのような場所を伝統的には入会地と呼んできました。入会山という表現や屋根を葺《ふ》く茅《かや》を得るための入会の茅場などがよく知られている例です。

生産活動と生活での活動とが対置されるものではなくて、相互に線上につながっているということは、生活のための活動も、生産のための活動と類似の組織をもつことを意味します。いま行っている活動が生産活動なのかそれとも生活活動なのかというような区別を必ずしも意識しないといったほうが的確かもしれません。

そもそもそのような区別をする積極的な意味がないからです。たとえば、道の整備を村の構成員共同で行う道普請は全国のどの農村でも見られます。

それを例にして図式的にいえば、やや広い道路を整地しながら、先を右に折れて田んぼに向かう道、そして畔道などを整備するのは、あえて分ければ生産活動です。逆に左の山のほうに折れて村の共同墓地への道を整備すれば生活活動になります。それに対して広い道の整備はどちらとも分類できません。このようなものなのです。

少し抽象化していえば、以上のような事実に基づいて、わが国の農山漁村の生産のあり方が、生活、さらには文化にもある種の固有の特色を与えているのだという言い方ができるかもしれません。ここでいう文化とは主要には人びとが共有している価値観（規範）のことです。

この価値観のことでいえば、わたしたちは共同の空間に対して敬意を払うという文化を形成しています。典型的には鎮守の森に対する敬意があります。

理解してもらうために、都会で最近目にした例をあげると、高校野球では、球場に入る前に球児たちは帽子を脱いで礼をしてから球場に入っていました。箱根駅伝を見ていると、引退する四年生でしょうか、自分の走ってきたコースに向かって深々と頭を下げる選手をひとりならず目にしました。都会の若者たちの間にもこのような気持ちがあるようです。

わたしは共同の空間に敬意を払う文化を肯定的に受け取っています。これを現代的に平たくいえば、〝みんなが使うものは大切にする〟という文化です。

†個的役割とリーダーシップ

共同労働は共同占有を基盤として成り立っています。ほとんどの場合、共同占有地を共同で労働するからです。さて、ここでいっておきたいことは、「共同」という用語を頭に冠して労働や組織や占有地を説明すると、個というもののない、あたかも蟻《あり》のような共同的な活動が想起されるかもしれません。

けれども、民俗学者の柳田國男《くにお》の言い方をまねれば、人びとは穀物の粒のように同じ形、同じ大きさというものではありません（柳田、第二五巻、1970［1935］：265）。つまり、ひとりひとりが個性をもって参加しており、またそのことが配慮されている事実を忘れてはならないだろうと思います。

各家からひとりずつ出役するとしても、年齢の高い人、若い人、その業務について詳しくて技術のある人、ない人、男性、女性、さまざまな人が集まって、共同労働をするのです。

共同作業のなかでは、年齢の高い人は重いものを運ぶ作業から外したり、技術のある人にはある仕事に専念してもらったりします。そしてそのような役割配分は、親方（差配人）によってなされます。その場で全体の同意を得ることはありませんが、親方はみんなが納得するかたちで役割配分をします。いうまでもないことですが、みんなが納得をしないような役割配置をする人は、「あいつには、つぎはお願いできんの一」と、親方候補から外されます。

少し余談になりますが、わたしは行政のまちづくりの委員会メンバーになることがしばしばあります。わたしのような外部のメンバーは一般的なノウハウや現代の傾向についてしかしゃべれませんが、地元のメンバーたちは違います。その人たちは、あることをするに当たって、その委員会の場で、「〇〇さんに頼めば、みんながついていくだろう」とか「△△さんだと、若者からの反発を食うかもしれない」というようなコメントを言い合って、ある人たちを推薦してくれます。行政が音頭をとって行うまちづくりは、村よりも広い地理的範囲をカバーするのですが、決め方は同じなのです。

†文化型リーダー

先ほどリーダーシップについて述べましたので、ここでリーダーということについて考えてみましょう。

村のリーダーを農村社会学者の徳野貞雄は四つに分けています。経営型リーダー、政治型リーダー、技術型リーダー、文化型リーダーです（徳野、2007: 204-206）。

経営型リーダーと政治型リーダーはいわゆる有力者で、本家親方や地主、旧家出身者などがなります。場合によっては、江戸時代でいう本百姓クラス、つまり村の中堅あたりの出身で才覚のある人が有能なリーダーとして経営や政治に関わることがあります。技術型リーダーというのは、この章の第1節の「目上・目下の判断」で記したような、技術をもった親方などをさします。

最後の文化型リーダーについては、いままでまったく言及していませんでした。村でしばしば起こる〝紛争〟(言い争い)を例にとると、その役割が明瞭になるかと思います。

どの村にもいる文化型リーダーの典型といえば、宮総代とかお寺のお坊さんです。宮総代とは村の神社のお世話をする代表者で、好々爺のイメージの人が多いような気がします。

文化型リーダーの特徴は、経営型リーダーや政治型リーダーと異なり、権力をもっていないことです。たとえば若者組どうしが言い争って、険悪な状況になってきたときに、文化型リーダーが呼ばれることがあります。かれらは権力的に裁断して決着をつけることはありません。権力がないから当然です。

なにをしているかというと、ほとんどの場合は、フンフンといって聞いているだけに見えます。どことなく権威があって、第三者的に聞いている文化型リーダーがいる前で、お互いに主張点を述べているうちに、感情の高ぶりが次第に落ち着いてくる。そして、文化型リーダーの特徴は〝論理のスジ〟が見える人が多いものですから、ほんの一言二言をいうだけで、なんとなく両者が自分たちで落としどころを見つけるというものです。

村には権力にもとづくリーダーは不可欠ですが、同様に権力に基づかないリーダーも不可欠なのです。このような文化型リーダーも村の装置として設定されているのです(18)。

徳野は現代農村についての文化型リーダーは「直販所や加工、農家レストランや農家民宿、都市農村交流や食育運動などとうまく連携して新しい農の可能性を広げています」(同:206-207)といっています。

†利用権に対する配慮

本書では人づきあいに焦点をあてていますが、それは私的な田や畑よりも、共同占有地での事例を考えると理解しやすくなります。

共同占有地の典型は山や野や川岸などにある入会地ですが、それ以外に、村の神社、共同墓地、集会所、灌漑《かんがい》池、それから、道や小川などもこれに加えてよいでしょう。村によっては村の祭祀の費用をまかなう共同の田(神田と呼ばれることが多い)をもっているところもありましたが、最近は廃れました。

川や湖や潟の岸辺にはヨシ原ができます。このヨシ原が共同占有地を理解するための分かりやすい例かと思いますので、わたしが琵琶湖や霞ヶ浦で調査した事例を頭におきながら、単純化して説明をしたいと思います。

ヨシ原のヨシは葦簀《よしず》にするなど多様な用途があります。湖や川などの岸辺は法的にいえば、現在は地方自治体の管理地です。わが国では基本的に湖や川（川原も含めて）に私的所有を認めていません。ですが、ふつうは村の領域の出先の空間はその当該の村のものと地元では思われています。それは昔からそうだったからです。

そこで現在の法律では「使用が社会的に正当なものとして承認されることにより成立する公物使用権」という解釈をしています。少しむずかしい表現を使いましたが、村の慣習に法律のほうが歩み寄って、使用権という概念を使って決着をつけたと考えればよいでしょう。

このヨシ原の使用ですが、琵琶湖の農漁村でも霞ヶ浦の農漁村でも、このヨシ原を個人で刈り取って個人使用をするケースが多々見られました。もちろんこれは誰でも利用できるのではなくて、村のメンバーであることが条件です（村の領域の出先だから）。

さて、指摘したいのはつぎのことです。村のメンバーであるAさんが村の湖の岸辺のある空間で、毎年、葦簀をつくるためにヨシを刈っていたとしましょう。一方、Bさんはヨシには関心が薄かったのですが、たまたま今年は家の屋根材としてヨシが必要になりまし

写真11　屋根材として使用されるヨシ（兵庫県篠山市、著者撮影）

た（写真11）。かなりの量のヨシが必要なため、Bさんは「悪いけど、Aさんの刈っているヨシ原空間の一部を刈っていいですか」というお伺いをAさんに出します。こんな場合、通常はAさんは承諾します。そこを刈り取らせてもらったあとで、Bさんはお礼かたがた、農作物などをもっていきます。

これはなんでしょうか。Aさんがある場所を定期的に刈り取っていることで、Aさんの利用権が少しずつ強まってきたということを意味します。つまり、陸地とはいえ法的には湖である湖岸は私的所有権が成立していません。しかし、その共同占有地においては個的利用権は作動するということです[19]。

言い換えると、村の空間の共同占有地には各所に個的利用権が渦巻いているということです。それは強弱のさまざまな様相を伴いながら作動しています。どこにどういう人（あるいはグループ）の利用権が作動しているか、ふつうは村人なら熟知しています。

利用権の成立の根拠は、そこにどの程度の労働を投下したかどうかなのだと思えば理解しやすいでしょう。[20]

†フェイス・トゥ・フェイスの現場

別の例をあげましょうか。道路のカーブとなったところに車や人が通らない空間があったので、その近くのおばあちゃんが毎年、花を植えていたとします。花を植えるということは、スコップで土を耕したり、水やりなどの労働投下があります。その小さな花壇の場所に、そこしか空き地がないからという理由で村の下部組織である組が道具入れの小屋を建てようと計画したとします。

そうすると、まずおばあちゃんの承諾がいるのです。もし、おばあちゃんが「イヤだ」といえばどうなるのでしょうか。通常は強制執行はしません。まちがいなくおばあちゃんの利用権が成立しているのですから。それを無視すれば、共同占有地のどこでも強制執行してもよいというとんでもないことになります。

こういう場合、ふつうはまずおばあちゃんの息子に説得をお願いするでしょう。落としどころは、花の季節の終わるのを待つ、小屋を一メートルほど動かして、その横に、さらに小さくなるけれども、花壇をつくる空間を認めるというあたりでしょうか。

さて、このような具体的な例を出しながら何をいいたかったのかといえば、少し前で柳田國男の言葉を借りて述べたことです。つまり、共同労働や共同占有といっても、全員が個性のない同じ形の穀物の粒として存在しているのではないということです。わたしたちの日常の生産や生活の場はまちがいなくフェイス・トゥ・フェイスという現場なのです。そこはこのような配慮がキチンとなされる現場でなくてはならないのです。

とりわけ村においては、全員が同じ穀物の粒というわけにはいきません。ひとりひとりの属性の違いもありますが、また、その人だけではなくて、それぞれの人はそれぞれの家の成員(家族)、今は亡くなった人たち、そしてその人たちが行った行為を背負って、存在しているわけです。したがって、AさんとBさんとが対面したときは、意識的また無意識的にAさんとBさんのそれぞれの背後の人たちとも対面しているという言い方ができます。

宮本常一が六〇歳をすぎた老人の話として「人間一人一人をとってみれば、正しいことばかりはしておらん。人間三代の間には必ずわるいことをしているものです。お互いにゆずりあうところがなくてはいけぬ」(宮本「村の寄りあい」、著作集第一〇巻、1971: 26)という言葉を紹介していますが、これも一例です。

この事実をもう少し抽象化していえば、村上靖彦さんがベルクソンの思想を借りながらつぎのような説明をしていることと符合してきます。村上はいっています。私と誰かが出会うことは「単に二人の人が出会うことなのではない。さまざまな他者と出会ってきたある人の人生全体が、同じように多くの人と出会ってきた私の人生全体と出会う。そしてそれぞれの人生には他の人の人生や歴史が浸透しているわけだから、二人の出会いはさまざまな人生と歴史同士が浸透し合うことだというふうに見えてくる」(村上、2022: 20)。

都会ではたった一日のあいだに多くの人たちに出会う可能性が高いので、その人と表面だけでつきあい、その背後の人たちへの配慮をしないですませるようにしています。けれども村のような小さなコミュニティでは、村上が示しているような事実が当たり前のこととして顕現します。都会の砂漠の一粒の砂として生きる気楽さもあるでしょうから、どちらが望ましいとはいえないものの、村上の言は人と人が対面するときの本来の深みを示唆しているように思います(21)。

第 4 章
村のはたらき

水害を避けるための堤防の水神　キュウリを捧げてある。

1　交換不可能性とエゴイズム

これまでの章では村の構造、自然との関係、共同労働などを説明してきました。それらをふまえてここで指摘したいことはふたつあります。「交換不可能性」と「エゴイズム」です。それらはともに人間の本質にかかわることです。

†交換不可能性

一九九九年のことですが、「トトロのふるさと財団」主催、環境庁や東京都などの後援で、「都市近郊の里山の保全」というテーマのもと、内山節さんとわたしのふたりで講演会をもちました。この講演で内山さんはとても印象的な指摘をされました。

すなわち「現代社会は、すべてが交換可能になっている社会であり、市場経済というのは、それまで交換ができなかったものを交換可能にしていく歴史でした。それが二十世紀になると、人間も交換可能になってきてしまった。たとえば生産を考えていくと、働いているのが、AさんであってもBさんであってもCさんであってもいいのです。(中略)村に行くと、そういうものとは違う世界がある。なぜかというと、村の人間には交換可能な人間がいないのです」(トトロのふるさと財団編、2001: 83-84)。

この指摘には個別事例を示して反論したくなるところがあるかもしれませんが、本質を突いているように思います。村では誰がなにを得意として、なにがあまりできないか、また力仕事はだれが自慢でだれが不得意かということは互いに熟知しています。

わたし自身の経験でも、初めての村に行って、昔話を聞きたいといえば、どのバアさんがよいかをすぐに教えてくれますし、クマ撃ちについて、トビウオ漁について、それぞれ適任者をいってくれます。そしてそこを訪問すると、俺のところに来るのは当然だろうという顔つきで、丁寧に話題にのってくれます。これらの人たちは交換不可能な人たちなのです。

ただこの交換不可能性を成立させるためには、層になったいくつかの前提があります。

まず、村はいわば顔見知り(フェイス・トゥ・フェイス)が可能なほどの人数の規模であることです。顔見知りであるからこそ、お互いの長所欠点を熟知しているのです。現在、小学校区を単位にしてまちづくりを鼓舞している地方自治体が少なくありませんが、小学

写真12　花壇づくり　地域で花壇をつくり世話をする（島根県松江市、著者撮影）

校区を単位にしているのはこのフェイス・トゥ・フェイスであることを願ってのことです[1]。従来の単位であった中学校区の規模ではフェイス・トゥ・フェイスにはなりません。

その前提の底に、つぎの層があります。じつは都会で小学校区を単位としたコミュニティを行政が音頭を取ってつくっても、そしてたとえ関係者がとても熱心だったとしても、村のような「お互いの長所欠点の熟知」にまではなかなか至りません。

村で相互の熟知が成り立っているのは、共同の労働と共同の行事があるからです。小学校区を単位としたコミュニティでもうまくいっているところは、花壇づくりなどの共同の作業や盆踊りなどの共同の集まりをするようにしています（写真12）。こうして、お互いの〝得意・不得意〟を知っていることが大切です。

ところが村にはさらにその底に第三の層があります。それは村の自治です。これは江戸時代をも含めた長い歴史をもっています。この村の自治について、民俗学者の香月洋一郎がなるほどと思える説明をしてくれています。

すなわち「自治とは元来自前《じまえ》であるということです。おのおのが金銭にせよ労力にせよ、自腹を切りあって何事かをなすからこそ、そこにルールができてゆきます。(中略)自分たちで使うものは自分たちでつくり世話をする。このことと地域の自治とは切り離せないものでしょう」。香月はこのように指摘したのち、香月のいう自治に適う具体例をあげています。

> 自分の田の底土が傷つき水もれが激しくなれば、それは決してひとり自分の田だけの問題ではない。その周辺の田への水がかり〔水の供給〕が悪くなるかもしれない。自分の山の下草刈りを怠れば、下ばえは隣の山へ侵入するかもしれない。こうしたことは、そこに住みつづけてゆこうとする限り放っておくわけにはいかないことです(香月、2000: 11)。

こうした自腹を切っての他者への配慮が自治を築きあげるという、その「自腹を切る」ということが、最近のわたしたちの社会的生活では少なくなってきました。

たとえばわたしたちの地域の会議でも、まずは行政に頼もうという考え方が多くなってきました。それが現代社会の風潮かもしれません。地域で生きるとき、わたしたちはいつごろから「自腹を切る」という発想を失ったのでしょうか(2)。

本来の地域自治をとりもどすためには、地域社会に生きる人たちひとりひとりの個別性を配慮し、評価をする交換不可能性について考えるべきかと思います。最近はこのような考え方に対して肯定的な人が増えてきているようにわたしは思っています(3)。

†エゴイズムを抑える

ただ、個別性を内包した自治という村のややプラス面をみた言い方だけでは、村の特徴を十全に説明していないと感じます。そこで農業経済学者の玉城哲《たまきあきら》の主張を引用しながら、マイナス面のエゴイズムについても述べておきたいと思います。

玉城はいいます。村の「個々の家いえが強いエゴイズムをもった「経済主体」になっているにもかかわらず、むらのような集団の中でそのエゴイズムを互いに主張しあうわけにはゆかない」。「もしも、互いのエゴイズムを露骨に主張しあったとしたら、土地と水、ときに山林といった資源の争奪戦になってしまうであろう。実際、農民たちは隠微な形で、そういう資源争奪をやってきた。わずかずつ、隣の土地を鍬で削りとる話や、旱魃《かんばつ》のとき、慣行によるきびしい統制の目を盗んで我が田のために夜半水を引きにゆく話は、いたるところにある」。「むらは、エゴイズムを秘めながら、その表面化を抑圧する装置として働いていた」（玉城、1982: 20）。

エゴイズムは個人からはじまり、村においては個々の家がエゴイズムの主体として現れます。その権利主張は、所有権や占有権、利用権を論拠とします。そして村では法令と異なり、所有権でもその所有の程度に強弱があるために、異議が唱えられたり、反論があったりすると、丁寧な話し合いがもたれることになります。

所有権に強弱があるという意味は、法令から考えると分かりにくいので説明が必要でしょう。現実の生活現場は、ローマ法を法理の基本におく日本の民法等とは大きく異なります。民法にもとづく現在の土地の所有権は明確です。ある個人（法人も含めて）がその土地を所有しています。(4) その所有権は他者が介入できない全体的な権利です（民法二〇六条）。

それに対して、表向きは民法に依拠しつつも、村で作動している現実の土地のルールはそのように単純明快なものではありません。平たくいえば、一枚の田や畑に複数の人間や組織が覆いかぶさっていることが多いのです。それはおそらく江戸時代には土地に個人所有というものがなく、ある家（家は個人ではなくて家成員からなる集団）が土地を持っていたのであって（土地の占有）、その土地は家の上にしばしば同族の持ちがかぶさっていたり、そのまた上には村の持ちがかぶさっていたりもしたのです[5]。

村の構成員のエゴイズムがあるなかで、法律にもとづく単純な解釈では何人も納得をしません。そこで、話し合って落としどころをみつけることが必要となります。

小さな意見の相違ならば当事者どうしで話しあうことで済みますが、それではこじれて修復のしようがなくなるような場合、「衆議」が必要になります。すなわち「寄り合い」です。

村の寄り合いについては、第5章で詳しく検討をしますが、寄り合いの長所は多くの人が集まって発言をするので、多様な視点から討議ができることです。多様な視点のうち、もっとも支持を得にくいのはエゴイズムです。そこで自然と、エゴイズムが解体されることになります。

たしかに玉城の指摘のとおり、村は「エゴイズムを秘めながら、その表面化を抑圧する装置として」の役割をもっているのです。この装置を有することが、村の大きな存在理由のひとつです。

2　弱者救済

†家族における弱者救済

村には生産活動を円滑に行う（農業の協同労働など）、また、つつがなく生活をしていく（道の環境整備など）という機能以外にも、大切な機能があります。

その代表的な機能が弱者救済と災害対応です。弱者救済というと、わたしは柳田國男の「火焚き婆」のことを思い出します。守ってくれる家族もいなくなった高齢でひとり身になった女性でも、大きな家の台所の火の番を与えられて暮らしを成り立たせる工夫があったということです。

柳田はいいます。「火焚き婆さんというのも、長者の家の台所にかがみ込んで、誰も構う者の無い憫《あわ》れな女の話になって居ますけれども、外に何一つの能の無い老女でも、火だけは若い頃からよく練習が積んで、さすがに斯《こ》うした火の番の役ならば、任せて置くことが出来たので」す（柳田『火の昔』、第二一巻、1970［1944］: 211）。

これは、弱者でもなにかできる能力があるならば、それで働いてもらうという発想です。労働をしないで食べ物をめぐむという発想はできるだけ避けるようにしていました。めぐむという行為になった瞬間、その人はその社会での存在価値がなくなってしまうものです。

村に限りませんが、どのような社会においても、貧富の差があり、家族関係において恵まれていたり、そうでなかったりします。それらは個人がもつ「社会資源」の多寡といえるでしょう。たしかに、社会資源は個人によって差が生じています。これは現在の都市の生活においても同じですし、過去もそうであったし未来でもそうでしょう。

農村には、こうした個人のもつ社会資源の差をフォローする手立てを考えてきた伝統があります。それは家族と村に分けて考えると理解しやすいでしょう。先に家族を取り上げましょう。

†三世代家族の長所

しばしば農村での三世代家族についての批判を耳にします。つぎのようなことをいうと意外かもしれませんが、じつは、この三世代家族は弱者救済を家族レベルで行おうとすれば、これ以外にないほどによい制度なのです。

家族成員の弱者とは、老齢の者たちと小さな子どもたちです。三世代家族はこの二種類の弱者を同じ屋根の下に住まわせることによって、両者の弱点を埋め合わせています。高齢者は知恵と経験はあるものの、体力がありません。したがって、農業などの生産的活動は補助的にしかできません。

けれども、この世代は孫たちの面倒をみるのに適しています。農山漁村では通常、働き手は男女とも朝早くから家を出て、生産の現場で働いています。そのため、家におじいさんやおばあさんが残っていることは、小さな子の養育にはたいへん便利です。それは高齢者には生きがいとなり、孤独を味わうこともありません。つまり、一言でいえば、三世代家族というものは、その構成員の長所・弱点を相互に補完する、たいへんよい制度なのです。

それは夫婦家族とか核家族と呼ばれている二世代家族と比較すればよく分かります。周知のように夫婦家族が近代的で都会的なものだという理解のもとに、アメリカの家族を理想の形として、日本では短期間のうちにその割合が高まっていきました。そこで生じたのが、高齢者の孤立と介護の問題であり、小さな子どもたちの保育の問題です。

もちろん、二世代家族の長所もあります。それは、三世代の真ん中の世代、父・母の世代は、高齢者の世話と介護の責任からかなりの程度逃れられたことです。平たくいえば、上がいなくなって、自由になったということです。

気持ちの面では、会社で同じ部屋にいた課長が他の部屋に移ったことによって、係長以下の人たちが解放された気分になるのと、これは似ています。自由な気持ちはよいことで、これ自体は評価してよいと思います。

ただ、二世代家族は他の世代に対してなるべく責任をとらない方向で現在は進んでおり、この夫婦型の家族は、その組織機能として自分たち自身で弱者救済を行うという機能をもっていません。

†やわらかい三世代家族

ではどうすればよいのでしょうか。三世代家族の実態をもう少し丁寧にみればそれが見えてくるかもしれません。

三世代家族は同じ屋根の下に住むといいましたが、現実は多様です。しかしその多様さを詳しく見ると、ひとつの原理があることに気がつきます。それは祖父母の世代と父母の世代とは、通常は居る部屋を別にして、できるだけ両者間で距離をおくようにしていることです。

よく知られているように、建物の大きな農家が日本では少なくありません。そのような大きな農家では、両者の空間的距離をつくることはさほど困難ではありません。大きな家を造る環境になかったり、その必要がない地域では、同じ屋敷地内に離れとか隠居屋をつくります。

かなり前ですが、東京都八丈島のある村を訪れたときに、ほとんどの屋敷地内に母屋と隠居屋のふたつが並んでいたことを印象深く覚えています。八丈島ではこのふたつの建物は五メートルほども離れていましたが、地域によると、離れや隠居屋がふたつの屋根を持ちつつも短い接続部を持って連結していたり、少し離れて廊下でつながっていたりします。さらには同じ屋敷地ではなくて、隣の敷地であったり、もう少し離れたところに祖父母の小さな家が建てられている村もありました。

つまりそれぞれの地域での地形的条件や文化的条件によって差異がありながらも、できるだけ距離を置くという原理は通底しています。しかし相互の人間関係としての強い結びつきは両者ともに希望していますから、空間的にそんなに離れた距離ではないようです。つまり一般的イメージと異なって、日本の三世代家族はいわば「やわらかい三世代家族」

写真13　四合院（中国・北京市、著者撮影）

であったのです。

もっとも、この原理は日本固有のものではなくて、よく知られている例でいえば中国の四合院（四つの辺に建物を置き、中央を方形の中庭とする）などもそうです。四合院はイメージしにくいでしょうから、上の写真を見てください（写真13）。この写真では、二辺の建物と中庭が写っています。反対側に他のふたつの建物があります。中庭には写真のように洗濯物が干されることが少なくありません。子どもや孫たちの遊び場でもあります。中庭の延長上に門がひとつあります。

さて、このようなことから何がいえるでしょうか。わたしたちが三世代家族の問題点というとき、比較的小さな家屋での三世代家族、すなわち空間的距離がほとんどない三世代家族をイメージしています。それは無理のないことで、このような現象は明治時代以降、とりわけ都会にかなり見られたからです。余裕のある敷地空間がなくなってきたことが原因です。

伝統的三世代家族、すなわち、やわらかい三世代家族から学ぶべきことは、祖父母の世代と父母の世代との間に空間的距離をとることを原則として受け入れつつ、そのうえでどうすれば両者の人間関係を弱化しなくてすむかという手法の開発です。

現在、行政やNPOが高齢者の孤立を防ぐためにさまざまな工夫をしていて、それは一定程度の効果がありますが、自分たち家族の側から考えていくとしたら、いま述べたような原理に帰りながら政策を考えていくことが求められているのではないでしょうか。

†村における弱者救済

各家がどのように高齢者や子どもたちに対応しているかということは、村というコミュニティのメンバー全体がよく知っています。そしてその対応が不十分な場合は、それとなく手を差し伸べることになります。また、それとは別に、村では明文化されていないルールがあります。それは弱者の問題を個別の家だけでは十分に解決できないことがしばしば生じるからです。

先ほどの「火焚き婆」の件は、ひとりだけ残った高齢の年寄りに対する対応でした。これはもう個別の家の対応を超えていたので、関係者たちの配慮が入っています。

高齢者に対するルールは単純で、全体で面倒をみるというものです。そしてそれを前提としたうえで、なるほどと思う確固たる指針があります。先ほども述べたことですが、単純に弱者に住む空間や食物あるいはお金を与えるというのではなくて、必ずそこに労働を伴わせています。めぐむというのは最後の手段です。最後までその人に社会的価値があることを自他ともに認めるようにしています。

もっともなことですね。この柳田の主張は彼自身の個人的思想のように見えますが、じつは村の思想であったのです。村は上下関係があって封建的とみえますが、〝すべての人が〟生き残らなければならないというたいへん厳しい考え方が根底にあります。

これは人類がコミュニティをつくって以来の伝統かと思います。動物行動学者の日高敏隆の説明を借りれば、「アフリカにおいて人類が森林から肉食獣がいる草原に降り立ったとき、唯一の生き残り策は「束になって対応する」という方法しかなかったわけです」(日高、2010)。

村はその草原に人類が降り立ったとき以来の伝統といえば、すこし大袈裟すぎますが、ともあれ、人類はほぼ例外なく村をつくってきた伝統があります。生業形態や、自然環境、また当該地域の社会的文化的経緯などによって、その地域に適切な村のかたちをつくってきました。

まとめましょう。村は弱者救済のための保険そのものであるといえます。村に所属しているかぎり（保険に入っているかぎり）、村は最後の面倒はみてくれます。

ただし、そこには明確なルールがあって、原則として（体が動くかぎり）、労働を投下して、その見返りとして、収入を得るということです。気の毒だから、お金や食料をめぐみましょうという考え方は村のルールとしてはありません。もちろん、個人が気の毒に思って、ある人にめぐみを与えるということを村が禁じているわけではありません。また、その人が労働できないほどに体力が衰えればこのルールの限りではありません。

†弱者に与える特権

村における弱者は、家の収入としての弱者と年齢的な弱者のふたつに分かれます。前者はいわゆる貧乏人のことです。堅い言い方をすれば、貧民層です。伝統的には小作人などがそうです。この貧民層には、村はその村が差配する空間においてある特権を与えます。

大きくは山に対する特権と川に対する特権です。山では、村のメンバーのうち、恵まれていない人たちには、焼き畑を許すとか、特定の動物やキノコなどの植物をとることを許可します。

焼き畑とは山の斜面を伐採し、木などの伐採物が枯れて乾燥した段階で、山の上から火を放ち（下から火を放つと火が這い上り大火事になる危険性がある）、それが灰になった段階で、アワやソバ、イモ、ダイコンなどを植えます。山の麓の平地にある田畑にたいしては、たとえば貧民用の田畑というようなものを設定することはありません。共同の耕作地は、神田と呼ばれることの多い祭祀用の田などにかぎられています。平地の田畑は原則として私有地（明治以前は私的占有地）であるため、村は関与できないのです。

貧民層に与える川の権利は、魚やエビ、カニその他の生き物を捕る権利です。一般的な表現を使うと、ジャコと呼ばれるあまり値打ちのない小魚を捕る権利です。値打ちのある魚などは村全体の権利であったり、村内の特定の組織の権利であったりして、それを貧民層にだけ開放するということはしません。このジャコを捕った貧民の家では、たとえばそれを加工し、日持ちのする佃煮《つくだに》にして売り歩く、そんな振り売りで生計の足しにしたのです。

琵琶湖周辺の農村で聞いたことですが、両天秤にジャコを入れた女性が田んぼで働いている人に向かって大声で「奥さん、ジャコ買うてえなァ」といえば、「ウチの土間の上がり口においといてェ」というような答え方をしていたようです。

この場合、田んぼで働いていた買い手は必ずしもその日にジャコが必要なわけではありません。ですが、それを買うのがふつうです。近くの町などで売れなかったから自分に声をかけているわけで、相手が困っているのが分かるからです。

宮本常一は「取引きによって生ずる関係はもとは単なる物品の交換だけでなく、もっとつよい人間的な絆を生んだようである」（宮本、1964: 185）という言い方をしています。すなわち、こういうときに買うのが村の「柔らかいルール」なのです。この種の柔らかいルールに従う人を、村では「好い人」と評価をします。

†子どもたちも働く

後者の年齢的な弱者とは、子どもや年寄りです。年寄りについては「火焚き婆」の例を出しましたが、子どもについてはつぎのような例を示しておきましょう。たとえば、子どもたちは小川や田でドジョウを捕って、それを売る。貧しい子どもたちはそれで文房具を買ったりしていました。田の場合、掘り起こされたりして迷惑なことではありますが、それは黙認されていました（川田、2010: 67–78）。

子どもたちも〝働いて〟何かを手に入れるというのが原則です。伊豆諸島のある島では子守り（小学校高学年の子や中学生が赤ん坊や幼児の世話をする）がほぼ村のルールとなっていることを、わたしの卒論指導を受けている学生が聞き取ってきましたが、これもかつては全国的にみられたものでした。

現在の日本では、子どもが労働をするのはよくないことと判断されており、児童福祉法などによって厳しい制限がつけられています。それは子どもを過酷な労働から救い出すことに貢献しています。けれども、一八〇度異なる視点から、たとえばまちおこしなどを起点として、子どもたちを働かせるアイデアが出てきてもよいように思います。

3　災害対応

†地震への対応

災害対応は村での対応となります。原則的に家の対応ではありません。ただ、個人の建物に対しては、家の対応となります。水害の多い地域では、自分の家を建てるときに土台に土を盛って高くしたり、二階の窓を大きくしたりして災害時に出入りを容易にします。また、屋根に積もった雪の重みで家がつぶれるのを避けるために屋根の勾配を考えるというようなこともあります。

火災に対しては、それを防ぐためとして蔵を建てたり、また、町方にかぎられますが、「うだつ」と呼ばれる土壁を隣家との間に作ったりすることがあります。屋根の上に水を入れた樽を置くこともあります。切妻や入母屋の側面の三角形の壁面に「水」という字が書かれているのを見たことのある人も多いと思いますが、あれは火事を防ぐ呪術的な信仰です。

このような個人の対応からも想像できるように、村が対応しなければならない二大災害は火事と水害です。地震はほとんど想定されていません。

先に事例の少ない地震のことをいっておくと、地震による津波の災害を少なくするために、村の高所に登ってここまでくれば安全という石碑を置いている村や、山崩れを防ぐために特定の木や竹を植えるといった植林がなされている例があります。

写真14は東日本大震災で津波災害の大きかった宮城県南三陸町志津川の高台にある津波警告の石碑です。ここでは昭和八年に手ひどい津波の経験があったために、そのときに建

写真14　津浪に用心の石碑（宮城県南三陸町、著者撮影）

てられたものです。写真では文字が読みにくいかもしれませんが、「地震があったら津浪の用心」と書いてあります。こうした地震の記念碑で警告を発している例は、津波を経験した各地で見られます。このような碑は原則として村が建てます。個人ではありません。

阪神淡路大震災の被害を受けた神戸市は前面が海で後ろに六甲山がひかえています。したがって、政令指定都市という大都市ではめずらしく急峻《きゅうしゅん》な坂の多い地形です。その神戸市の中心地に式内社として伝統のある生田神社があります。神戸っ子が神戸の代表的な神社だとみなしている神社です。この生田神社に「生田さんは松が嫌い」という言い伝えがあります。

震災後に聞いた話なのですが、松は浅く根をはるので山が崩れやすいそうです。六甲の山は岩がもろく崩れやすく、それで生田神社の上の山にも松はなく、地震でも山崩れを起こさなかったのだという説明です。わたしは専門家ではないので、その真偽は判断できませんが、生田神社では門松さえも杉を使っているのは事実です。村の言い伝えでは、あることは禁止という言い方よりも、このように神様が嫌っているという言い方をすることが珍しくありません。

†村での水害

水害の悩みをもっている村は日本ではたいへん多いといえます。その理由は水田稲作とかかわっています。稲は多くの水を要求します。ところが稲が水を要求する季節にそれに見合うほどの多くの雨が降らないことがしばしばです。先に述べたように、個別の田で田んぼから水が漏れないような工夫はしています。しかし、技術的工夫には限りがあります。

そこで雨乞いという神さまにお願いする信仰がそれこそ全国くまなく見られるようになりました。ただ、神さまはいつでも願いごとを聞き入れてくれるわけではありません。

そこで、もっとよい方法は、田んぼ自体を水場に近づけることです。これは一方で危険な発想ではあります。水場に近づければ近づけるほど水害の可能性が高くなるからです。しかしながら、生きるためには水場に近づけるしかありません。これが日本の村で水害が多い理由です。

写真15　山裾に集まる家々（滋賀県米原市、著者撮影）

もっとも田んぼが水に漬かること自体は大きな被害ではありません。そのため、とりあえずは、田んぼを水場に近づけつつ、住居はその近くのやや高台につくるというのが日本の農村のひとつのパターンとなっています。旅行などで鉄道に乗っていると、村の住居が山に近いやや高台にあり、その下に田んぼが広がるように配置されている風景をよく目にします。写真15は新幹線に乗っていて、米原あたりでみつけた風景です。手前に田があり、なだらかに上に傾斜して、山の麓のやや高いところに家々が集まっています。

ところが問題はそう理想的な〝やや高台〟がどこにでもあるわけではないということです。そこで村によっては、しかたなく、ということは何年かに一度はひどい水害に遭うということを覚悟して、特定の場所に住むことになります。

村全体としては、川が決壊したとき、村に押し寄せてくる濁流水の、その水の逃げ道をつくるのがふつうです。ところが難しいのは、つくった逃げ道の先に隣の村があることです。隣村としてはたまったものではありません。しかし上流に位置する村の悩みも理解できないこともなく、そこで自分たちができるだけ少しの被害を分担しつつ、さらに下流の村に至る水の逃げ道をつくることになります。そういうことで、村が連合して相互の話し合いの中で負担のあり方を決めることになります。

素人的な考えだと、下の村は強く反対をして上流からの逃げ水の負担など負う必要がないではないかと思いがちです。他方、引き受けているのは、上流が困っているからわたしたちも負担を分担しようという村人の善意だと感心する解釈も、本当の意味での正解ではありません。詳しくは述べませんが、個々人は別にして、村という組織は善意を旗印にしては動けない側面があります。

国家も含めて、村より上の組織体は善意ではなく、基本的には利害でのみ判断をします。国が他の国に対して善意で判断することはほぼありえません。外交上善意に見えていても、その本質は利害であることは経験的にご存じでしょう。村も同じなのです。

ではなぜ、相互の負担の話し合いをするのか。それを理解するためには、水害という災害だけを切り離して考えないことです。これまで繰り返し述べていますが、わたしたちの国では広い地域で水田稲作をするには無理なところがあります。すなわち、絶対的に水が足りないのです。

先ほどの例の村々でいいますと、上流の村のほうが水に恵まれています。日照りの年には下流の村は、水不足で真っ青になります。雨乞いをしつつも、上流の村から流入してくる水路の水を少しでも多くしてもらう必要があります。そのような話し合いを行う村々の連合体の組織ができあがっています。水害についてもこの連合体の組織が話し合うことになるのです。この連合体の話し合いでは「それぞれの負担が当然である」という不文律が生まれるであろうことは容易に想像がつくと思います。

大水になると、川が決壊する危険があります。そのため、各村では、村内の川の手入れに余念がありません。これは村仕事で行います。また川の堤防に水神が祀られているのをしばしば見かけます。その水神の社がきれいに掃除され、そこに水神様(河童)の好きなキュウリがちゃんと供えられている村など、その背景にどれほど必死で決壊を避けようとしてきた歴史があるのかがうかがい知れます。

†火事——許されない失敗

生活をしているかぎり失敗ということがあります。村では失敗には許される失敗と許されない失敗があります。火事は許されない失敗なのです。したがってその責任をとらなければなりません。焼け出された家は失敗の責任のとりようがないほどに疲弊しているのが普通であるとしても、その責任はとらねばならないのです。

ある村では火事を出すと、その家は村の境界の外側に住むことを強制された歴史をもっていました。[6] 村の境界外ということは明白に村八分です。それほどに火事が怖かったし、このようないわゆる村八分をするという村のルールが村人に細心の注意を呼び起こさせたのでしょう。[7]

宮本常一は自分の祖父のことについて、つぎのように述べています。「火事で家をやいた。近所の子供が火あそびをしたのが家について、三軒焼け、その上牛を焼死させた。子供の火なぶりではあっても、火もとというのでやはり村に対してつつしまねばならぬ。こうして死にいたるまで村の表面にたつことはなかった」(宮本、1971: 149)。

火災が許されない失敗であるのは、村の中のどこか一軒が火事になると、たちまち他の家々に燃え広がることが多かったからです。火災後の後始末は村の中の下部組織である組が担当することが多かったようです。

火災は当該の家の責任であるとしても、村はなんとか火災を防ぐ手立てを考えつづける

写真16　板倉　火事の災害を避けるために建てられた（福島県檜枝岐村、著者撮影）

必要があります。村には火の見やぐらや半鐘などが設置されています。火事に対する緊急協力網も整備されています。青年団を基盤にした消防団もあるのがふつうです。

火事にかかわって強い印象が残っているのは、福島県檜《ひの》枝《え》岐《また》村の板倉です（写真16）。居住地である集落の中心から少し離れて板倉群とでも呼ぶべき多くの板倉が野原にポツンポツンと離れて建てられています。見た目は小屋とか倉庫といったもので、古いものは板屋根で上に石をいくつか置いています。屋根の古い形態です。この板倉群がいつ成立したのかは不明ですが、それほどあたらしい歴史ではありません。火事は台所などふつうは人びとが住んでいるところから発生しますから、家具などをそこから離れた板倉に貯蔵しておくのもひとつのアイデアかと思います。

火事になった家に対する救済方法として、頼母子講（無尽講）をつくるようにしている村も少なくありません。頼母子講とは経済講です。単純化して説明をしましょう。たとえば二〇軒がこの講に入って、年二度の集まりで三万円を払うとすると、まず、火事になった家に二〇×三万円の六〇万円が渡されます。その後、毎年二回くじでひとりが六〇万円を当てます。このようにして一〇年つづけるという方式です(8)。

村は火事を防ぐための火の見やぐらや消防組織、意識啓発などの手立て、また火事の後の始末についていくつかの手段を準備しています。ただ、火事というある家の失敗に対して、それなりの責任を取らせることも村が決めています。村八分的な方法や贖罪金を支払わせるという金銭で償いをさせる方法などがあります。ともあれ、多くの場合、村という組織が前面に出て、当事者にある種の責任を取らせないと、村人たちは納得をしなかったでしょう。

4　村の教育——平凡教育

村の教育は大きくはふたつありました。ひとつが親分教育であり、もうひとつは村人全体への教育です。

親分教育は将来に親分となるであろう人に対する教育です。リーダー教育のことです。村もひとつの自立した社会組織ですから、つねにすぐれたリーダーを保持するように努力をしています。放っておいても自然にリーダーが生まれるわけではありません。リーダーは全体状況が読めたうえで、ある望ましい決断のできる必要があります。この親分教育は将来に親分となるであろう家柄がありますから、その家の教育としてなされる側面があります。

†平凡教育と非凡教育

他方、村の教育として、村人の若者に対する相互教育がありました。それは礼儀作法などの人とのつき合い方や、農山漁業のための知識や技術などです。これらをきちんとマスターしておかないと生きていくことが困難になります。

ここではこの教育を支えている哲学といえばよいでしょうか、基本的な考え方を紹介して、現在のわたしたちの学校教育との大きな違いについて考えてみたいと思います。

その基本的な考え方は「平凡教育」というものです。この話は理屈くさくて、やや堅くなりがちなので、わたしたちになじみのあるテレビアニメの『サザエさん』を使って説明をすることにしましょう。

わたしは『サザエさん』の中で、カツオにもっとも注目をしています。『サザエさん』

は五〇年以上の歴史をもっていますが、登場人物のキャラクターにはそれほどの変化はありません。ただその中で、カツオだけがキャラクターを変えています。当初のころのいたずらっ子から、平凡教育論の担い手へと大きく変わっていくのです。

「平凡教育」というのは柳田國男が使った用語です。柳田はつぎのような言い方をしています。教育には平凡教育と非凡教育がある、そして平凡教育とは、その地域社会で自分たちが共に生きていくための知恵であると。それに対し、非凡教育は他の人よりも自分を卓越させるための教育です。

人びとは平穏に生きていくために、平凡教育をきちんと身につけていなければなりませんでした。農業や漁業などの生業技術、共同労働や寄り合いなどでの組織のもち方、目上の人・目下の人・異性とのつきあい方、また神仏への対応の仕方など、多様な知識が必要でした。

それは全員が身につけなければならない知恵であり、とくに抜きんでて平凡教育を身につけることは要求されませんでした。ただ逆に、それを十分にマスターしていないと揶揄されるというかたちでマスターすることを促され、若い娘などは、年上の娘たちの間での異性とのとんでもない失敗談やその悲劇に近い結末への揶揄の話に耳を傾け、自分はそうであってはならないと胸に誓ったりしたものでした。このように柳田は指摘しているのです（柳田「平凡と非凡」、第二四巻、1970［1937］：435–448）。

他方の非凡教育は仲間のうちで順序をつける教育です。近代に入って発達した学校教育は基本的には非凡教育のほうに重点がおかれています。科目ごとに成績というかたちで評価をしています。

現在の親はこの非凡教育の虜になっているケースが少なくありません。他人との比較に目が行きます。極端な場合は、自分の子どもに「友だちの〇〇ちゃんに負けてはダメよ」というような鼓舞のしかたをします。

もちろん非凡教育には近代社会と適合したよい面があります。リーダーとして自分の意見をもって行動するためには非凡教育が必要です。けれども現代社会の問題点は、非凡教育には不可避である他人との比較という評価に比重がおかれすぎていることです。比較をする際にはある基準をつくってそれをもとにせざるを得ません。

ただ、問題なのはその特定の基準がある人に対する全面的な評価になってしまうことです。この問題点を解決するには、平凡教育をもっと活かすしかないように思います。

†カツオの変身

サザエさんのマンガやアニメで「カツオはよい子だ」と思った人たちは、非凡教育的な価値観から少し距離をおいている人であるように思われます。カツオの学校の成績は家庭科や体育を除けばあわれなものです。それでは人はカツオの何を評価しているのでしょうか。

カツオは果敢に、この平凡教育の大切さを主張しつづけています。

たとえば、テレビアニメの一話で、運動会のときにワカメが、かけっこはビリになるから好きではないと、非凡教育的な発言をします。それに対してカツオが順位なんか気にすることはない、後で紅白まんじゅうがもらえるから、そっちのほうがいいじゃないかと反論するのです（No. 5932）。

もうひとつ例を出しましょう。

サザエさんの家の隣には、伊佐坂難物という小説家が住んでいます。サザエさん一家が百貨店の屋上で子ども向けの「赤ずきんちゃん」ショーを見ています。じつは、その出し物の狼のぬいぐるみの中に入っているのは、難物氏の息子である甚六君なのです。この甚六君は大学受験を目指している浪人生で、勉強に忙しいはずの浪人生がアルバイトをしていることが父親の難物氏にバレるとたいへんです。バレないように、サザエさん一家は協力するのですが、結局、バレてしまいます。

サザエさんたちは難物氏が甚六君を「勉強をせずにこんなことをしているとは何ごとだ!」と叱るかと思っていたのです。だが、実際には「あの演技は何だ、子ども向けの芝居でも引き受けた限りは真剣に取り組みなさい」と、自分の役割を一生懸命果たしていないことを叱りました。カツオは「うちのお父さんだったら勉強しないことを叱るのに、さすがに小説家だネェ」と言って感心するのです(No. 5877)。

†知恵としての平凡教育

カツオがいたずらっ子から平凡教育の主張者へと変貌していったのは、作者である長谷川町子やそれを引き継いだアニメの作者たちが、平凡教育こそが日頃の暮らしの中で大切にしなければならないものであることを自覚したからだろうと推察されます。

もちろん、「サザエさん」の作者たちは柳田の用語である平凡教育をはっきりした観念としては自覚しなかったかもしれません。けれども、何かそのようなものが現在失われつつあり、社交的な性格であるカツオにそれを担わせるのがよいと判断をしたのでしょう。希望的観測で言えば、地域コミュニティでも少数ながら、この平凡教育的な教育の活動が始まっています。たとえば世代間交流ということで、おじいさん・おばあさん世代が孫世代と交流する場をつくったりしています。親世代がともすれば非凡教育を言いがちなのを、おじいさん・おばあさん世代が遊びを通じてちょっとした礼儀を教えたり、ある種の人生観を示したりして、相互にけっこう楽しんでいるのです。

問題は家族のほうです。

現在の家族は親世代と子ども世代で構成される二世代の場合が多く、ここでは非凡教育が蔓延《まんえん》しています。ふたたび『サザエさん』のマンガの例です。

奥さんがご主人に向かって「おとなりのご主人は部長におなりですって」と言葉をかける。新聞を読んでいたご主人は怒ったようにして席を立つ。つぎに奥さんは自分の子どもに向かって「ノブオちゃん、一年からずっと一番ですってョ」と声をかける。くだんの子どもは悲しそうにうつむく。ついで奥さんは庭にいる飼い犬に向かって、新聞に書いてある新幹線の盲導犬の記事を読みながら「マア、感心な盲導犬」と言ったので、飼い犬もコソコソと犬小屋の中に逃げ込む。

犬にまで言ったことが笑いになるわけですが、このような徹底した非凡教育を『サザエさん』の作者は嫌っていて、笑いに仕立てたのではないでしょうか。

平凡教育はもともと村という地域の小さなコミュニティを基礎として確立されたという歴史的経緯があるものですから、現在でも地域コミュニティが教育を考えるときに、その効果をとくに強く発揮するように思われます。平凡教育という考え方には、人間がお互いに仲間として差別を受けないで生きていくための知恵があるように思います[9]。

†学力とは

最近、哲学者の鷲田清一さんが、この非凡教育について愉快な批判をしている文章を見つけましたので、それを付言しておきましょう。

鷲田は「学力問題って何だ?」という文章で、つぎのようにいっています。学力を問うということは、「まこと無礼だなあ」、というのは、知っている人が知らない人に問うからです。「ふつう質問というのは、知らない者が知っているであろう者に懇願するようにして向けるものだ」。だが、学力問題の場では、「知っている者が知らない者に問うている」。これは相手を試しているのであって、「不信ということが前提としてある」と鷲田は言います。

こういうことを言うのは、として鷲田は例をあげます。たとえば「葉緑素以外に光合成に必要な要素を二つ問う設問がある。この問いに答えることに何の意味があるかは問うまい。学ぶ意味など学んだ後にしかわからないからだ。それよりも、この孤立した問いの無意味さに、ああまたか、と疲れるだけだろうとおもう。設問として孤立していること、いいかえれば、何のために考えるのか、答えがわかったら次にどうするのかという、生活に連なる脈絡がこれらの設問にはない。そのような孤絶した知識は生活の場面で使用されることがなく、だから身につくことがない。知ったところで意味のない設問につきあわされるのもそれなりにしんどいことだろう」（鷲田、2013: 208-211）。

鷲田はこのような知識を学力という名で子どもたちに押し付ける愚を指摘しているのです。たしかに考え直すと、学校の学力という名の記憶力競争ははたしてどのような意味をもつのでしょうか。

第５章
村における人間関係

亡くなった先祖への孫が生まれたあいさつ　墓の提灯に「初孫誕生」と書いてある。

1　あいさつ

†簡便なコミュニケーションの手段

「あいさつ」とは、人間と人間との関係をつくるための簡便なコミュニケーションの手段です。人間相互の関係は思っているほど安定的なものではありません。そのためいつもあいさつを通じて関係を補強しなければなりません。

会社の中でのエレベーターを想定しましょう。知っている人なのに黙っているのは気づまりです。そこで「今日は寒いですなー」という当たり前のことをいい、相手も「いやまったく、寒いですね」という当たり前のことを答えるのが、あいさつなのです。このなんら〝新しい情報のない〟、〝相手の人格や考え方に影響を与えない〟という「ないないづくしのコミュニケーション」があいさつなのです(1)。

しかしながら、たとえ新しい情報がなくても、あいさつはとても大切なものなのです。

その大切さを実感してもらうために、柳田國男が採集した『遠野物語』（一九一〇年）に収録されている説話を紹介してみましょう。

人の名は忘れたけれども、遠野の町に豪家があって、その家の主人が大患いをして生死の境をさまよっていた頃に、本人がある日ふと菩提寺を訪い来たのである。そこで和尚は丁寧に対応し、茶などを勧めた。世間話などをしてそろそろ帰ろうとする様子に少しばかり不審なところがあったので、その後を小僧に追わせたが、門を出て家の方に向かい、町の角を回ってその姿が見えなくなった。その道でこの人に会った人はまだ他にもいたのである。誰にもよく挨拶をしていつもと変わりはなかったが、その晩に死去し、もちろん、その時は外出などできる容態ではなかったのである。そこで後で寺で本当にお茶を飲んだのかどうかと、茶碗を置いてあったところを調べてみると、お茶はすべて畳の合わせ目のところにこぼしていたのであった（鳥越による口語意訳。柳田、第四巻、1968: 38）。

このような話を多くの人は「さもありなん」と思って聞いたのではないでしょうか。だからこそ説話としてこの話が伝えられてきたのでしょう。「さもありなん」と思った理由は、お世話になった人びとに「あいさつ」をしないで、あの世へ行くのは、なんとも心苦しいであろうことを分かっていたからでしょう。

形式的なものだけれど大切なコミュニケーションの手段であるとあいさつを位置づけたうえで、形式的とはどんなものか考えてみましょう。

†あいさつの型

世の中には会話の不得意な人がかなり多くいます。とくに農業や漁業などをしていて、人間との会話の時間が相対的に少ない農山漁村においては、不得意な人の数が多いだろうと推定されます。そのためでしょうか、村ではとりわけ型にはまったあいさつが価値をもちます。

型にはまったあいさつの長所は、なにも考えなくて型どおりにすれば礼にかなったことになるのです。

極端な例を出しておきましょうか。

群馬県利根郡みなかみ町藤原でのあいさつです。

老人たちは次のようなあいさつのパターンをもっている。縁談とかある人の死亡通知というように儀礼として相手のお宅に訪問する場合、最初の言葉として、「こないだは」と言って頭を下げる。それに対応して、主人の側も「こないだは」と言って同様に頭を下げる。相互に実際は数日前に会っていようが、一年間まったく会っていなかろうが、必ずこの言い方をする。これはムラの中での連帯の確認だという。これが第一段階。次いで、客が「お達者で」と言って頭を下げる。主人の側も同様に「お達者で」と言って、相互の健康を祝福し合う。これが第二段階。そして次に、客が「今日は好いお天気で」とか「降りまして」とかその時々に応じた天候のあいさつをするが、それに加えて、天気の場合は植え付けや刈り入れなどの季節に従って、「これで作物も」と言って自然を礼賛する。雨が降った場合では「大降りにならなくて」とか「好いお湿りで」と言うように必ず自然を礼賛する形式をとる。主人の側も同様の形をとる。これで第三段階が終わり、次の第四段階で初めて「さて今日伺いましたのは」と言って訪問の用件を言い始めるのである（読みやすいように適宜文章を改めた。布施、1941: 39）。

型にはまったあいさつは、形式だけの血のかよわないコミュニケーションと誤解されがちです。けれども、基本は相手に対して失礼にならないための形式なのです。

あいさつに「型」というものを導入したことは人間の知恵のひとつといえます。すなわち、自分の話術に自信がない場合は、型を使わない自由なあいさつの成功率はかなり低いものとなります。

†呼びかけ

ここで少し余談をしましょうか。あいさつに型があるといいました。じつは呼びかけにも型があります。

わたしたちはよく電話で「もし、もし」と二回呼びかけます。ドアも「トン、トン」と二回です。これに関連して、民俗学者の常光徹がドアのノックについておもしろい経験談を述べています。

通常は二回ノックすることが多い。この話を何人かの学生に紹介したところ、一人の女子学生がこんなことを言った。友人のなかに、なぜかコンと一回だけドアをノックする人がいたが、それがとても気持ちわるかった。そこで、ノックするときにはコンコンと二回たたいてほしいと注文をつけたというのである。たしかに、一回だけのノックは薄気味わるい気がする。暗黙のうちに私たちが了解している文化のコードからずれているためで、ドアの向こうに立っているのがいったい何者なのか、訪問者に対する不安がよぎるからだろう（常光、2006: 260）。

同じページで常光は、アメリカ人はドアを三回叩くという評論家の多田道太郎の話も紹介しており、つまりは文化によって異なるということでしょう。

呼びかけの「もし、もし」は漢字にあてはめれば「申し、申し」かと思われます。このあたりのことを柳田國男は「佐賀地方の古風な人たちは、人を呼ぶときは必ずモシモシと謂って、モシとただ一言いうだけでは、相手も答えをしてくれなかった。狐じゃないかと疑われぬためである」（柳田、1968: 295）といっています。常光と同趣旨なのでしょう。

人間関係を円滑に行うために、これら以外にも多種の型があります。ある意味でわたしたちは「文化のなかで生きている」という側面をもちます。そして文化には型が存在するのです。

2　不公平を嫌う

†損をしない

田舎を車などで通りすぎたときに、人家の少ない田んぼのなかに中学校が立っているのを見かけたことがないでしょうか。その理由はほとんど例外なく綱引きの結果です。どういうことかというと、分かりやすく図式化すれば、新しい中学をつくるときに、ふたつの集落（村）があるとして、ひとつの村が自分の集落の近くに中学をつくりたかったのですが、もうひとつの集落も同じ考えのために、どちらも損をしないためにその中間につくったのです。

一九四七年の学制の改革で、中等教育機関としてそれまであった中学校（後に高等学校となる）と小学校の間に新しく中学校（新制中学と呼ばれた）をつくりました。この新制中学までが義務教育となったものですから、全国にたいへんな数の中学校をつくらなければならなくなったのです。それまでは小学校は集落の中に設けていましたし、中学校（旧制）は町にありました。この新制中学だけが田んぼの中であったり、峠の上であったりしたのです。相互の村境近くにつくったからで、これはお互いに〝損をしない〟ための決着だったのです。

村にとって根本的な土地の利用についても同様の例を挙げることができます。わたしが調査で聞き取ったうちのもっとも分かりやすい例は割地《わりち》制度の村でしょう。畑作を主にする村で古い制度といわれている割地制度が残っている村がありました。

毎年村人が平等になるように各家に土地を割り当て、あくる年になると、また新しく割り当て地の場所を変えていくのです。山の中腹から下に向かって長細く短尺状に長方形に各家に土地を割り当てます。そして各家は上から雑草を取ったりして耕していくのですが、労働力の多い家族が自分の土地の両隣にあると、その両隣の家が自分たちよりも速く下に向かって土地を耕していきます。ところが両方の家が無意識かもしれませんが、やや横幅を広げた耕作をして、その結果、両隣の開墾地どうしが下で出くわし、下方で自分の開発地がだんだん狭まってきて最後になくなってしまうということが生じたそうです。

これなどは絶対に損をしたくないという両隣の家の気持ちがこんな笑い話になるような

現象を生んだのでしょう。

†「不公平」という切り札

ともあれ「不公平」はたいへん嫌われます。そのため、会議で「それは不公平だよ」と発言したら、議論で優勢だった主張もたちまちしぼんでしまいます。そのことをわたしは村での役員経験のある堀越久甫の本から学びました(堀越、1983: 83-84)。先ほどの中学校のことも堀越が指摘したものです。

わたしも試みに、自分の勤務先での会議で、議論が白熱したときに、「それだと不公平ではないでしょうか」と発言したら、たちまち相手の主張がしぼんでしまってその効果の大きさに驚きました。わたしたちの社会は論理の一番底に不公平嫌いがあるのではないでしょうか。

すなわち、わたしたち日本人の会議では「それだと不公平だ」という発言は、すべての論理を越えて、いわばトランプのジョーカーの役割を果たすのです。

3　話し合いと意思決定

†意思決定のかたち

村の意思決定のしかたとして、二点をみる必要があります。ひとつは決定組織としての「寄り合い」です。もうひとつは意思決定のしかたとしての「全員一致制」です。

寄り合いとは構成員全員が集まって何かを決めることです。自治会の総会をイメージすればよいかもしれません。

寄り合いと反対のイメージは、トップダウン型です。村にトップダウンがないとはいえませんが、都会の人が考えるほどには強力ではありません。会社のほうがはるかに多いと言えるでしょう。その理由は、村はその本質がコミュニティであるからです。つまり個々の構成員を無視できないのです。

全員一致制の反対のイメージは、過半数制です。過半数制は賛否の意思表示をしてもらって、人数の多いほうの決定に少数者が従うというものです。わたしたちはこれを民主主義教育とセットで第二次大戦後、アメリカ合衆国から取り入れました。わたしたちは小学校のクラスでそれを最初に学びます。

文化の輸入のときにはしばしばそうなるものですが、かたちだけを取り入れて、そのシステムが完成するまでの歴史は無視されます。したがって、過半数制＝民主主義という理解になりました。そのため、少数者がもつ権利や少数者に対する寛容というような課題はほとんど考慮されることなく、これが実行されていくことになったのです。

寄り合い

村の寄り合いといえば、宮本常一の報告による対馬の伊奈《いな》村（現・対馬市）の数日かけて話し合う寄り合いが有名です(2)。寄り合いの長所は相互納得ということもありますが、いろいろな多様な視点からの意見が出るところかと思います。

たとえば十ほどの多様な意見のうち、結果的にはなるほどと思えるひとつの意見が選ばれることになりますが、その選択には見事に関係者のエゴイズムがほどよく抑えられているはずです。

なぜかというと、時間をかけた衆議ではいわゆる利害の駆け引きが徐々に消滅して、社会通念が表に出るからです。当事者どうしではどうしても利害の駆け引きになってしまいます。たしかに寄り合いでも利害が少しは残るのですが、社会通念が基盤になるものになります。

また、いま名前を出した宮本常一は「村の寄りあい」という文章のなかで「他人の非をあばくことは容易だが、あばいた後、村の中の人間関係は非をもつ人が悔悟するだけでは解決しきれない問題が含まれている」(宮本、著作集第一〇巻、1971: 27)と指摘しています。やや分かりにくい言い回しですが、宮本はその後のつきあいに支障がないようにすることの大切さをここで言っているのです。

非をあばくというのは、事実指摘と論理にもとづきます。したがって短時間で明瞭になります。しかしなにごともそうですが、誰かに一〇〇パーセントの〝非〟があるということはそうそうなくて、七〇パーセントは非であるとして、残りの三〇パーセントをどうするかという問題が残ります。

そこで宮本はいうのです。「論理づくめでは収拾のつかぬことになっていく場合が多かったと想像される。そういうところではたとえ話、すなわち自分たちのあるいてき、体験したことにことよせて話す」(宮本、1971: 14)という。〝ことよせ〟とは物語であり、物語は頭で理解する論理ではなくて、いってみれば体全体で体得するものです。物語には残りの三〇パーセントも含まれているのです。

宮本は対馬の例を紹介したのち、つぎのように述べています。「すくなくも京都、大阪から西の村々には、こうした村寄りあいが古くからおこなわれてきており、そういう会合では郷士も百姓も区別はなかったようである。領主—藩士—百姓という系列の中へおかれると、百姓の身分は低いものになるが、村落共同体の一員ということになると発言は互角であったようである」(宮本、1971: 13)。

この寄り合いのあり方は、部落会や町内会と名前を変えながら現在の地域の自治会にまでたどり着きます。そこでは原則として上下の関係はありません。

ただ、徹底的に話し合うという面はほとんどの地域では消滅しました。それは現在の地域自治会が生活のほんの一面しか担わなくなったからです。

しかしその一方で、ボランティアを中心とした「まちづくり」が三〇年ほど前から台頭し始めました。これは文字どおり、まち(コミュニティ)を創っていくことですから、戦略・戦術が必要になってきます。そのため徹底的に話し合うという喜ばしい現象も少しながら生じつつあります。

ただ、このボランティア活動はいやになれば簡単に抜けられます。それに対して、村の寄り合いのメンバーは、その地域に生涯責任を負う覚悟が必要です。ここでどちらがよいかと議論する必要はありませんが、この違いに自覚的である必要はあります。

†全員一致制

先ほど述べたように、会議での決め方には大きく分けて、構成員の半数以上が賛成したことに従う過半数制と、全員が一致するのを待って決定する全員一致制のふたつがあります。

前者の過半数制(多数決原理)は、第二次大戦後に成立した「日本国憲法」に基づいて、とくに学校で強く奨励されるようになりました。ただ、詳しく調べてみると、過半数制は日本にも伝統的にありました。「多くの方が賛同されているようで」という言い方で決めることが多くあったのです。道普請の日取りの決定とか、祭りの準備のための集合時間などがそうです。ただ村では深刻な問題については必ずと言ってよいほど全員一致制をとりました。

一九五六年から五七年にかけて奈良県天理市上之庄《かみのしょう》に住み込んで調査をした文化人類学

者の米山俊直の記録を、やや長いですがここに引用しておきましょう。村における全員一致制のイメージを明確にしてもらうためです。米山はこの引用文では、「上之庄むら」と、ひらがなを使っています。

連帯をつくり出すのは、むらの人々の会合である。そこにはたとえ多少の貧富の差はあっても、もともと大きい階層差を意識しない一戸一人の代表制による合議の原則が、いまも強く働いている。そして、その原則がつらぬかれるためにあるのは、おどろくほど徹底した話しあいの精神だといえる。これはいわゆる民主々義の原理にちかく、〝グラス・ルート・デモクラシー〟といわれるものに似ているが、特徴的だといえるのは、けっして多数決という、数量的原則をもちださないことである。つまり、ひとつの問題を解決し、むらの全構成員をある行動にうながすためには、かならずその全員の一致——万場一致の結論が出ていなければならないのである。

これは、実際にはリーダーにとって非常に忍耐が必要なことだといえる。全員が納得し、やろうという気になるまで、むらの会合はいつまでも続けられる。合意点が見出されるまで、徹底した話し合いが繰りかえされるのである。もしも反対があれば、どのようなことでも話を決めてしまうということはない。ときにはその結果、むらの活動は停滞するかに見える。しかし停滞というマイナスは承知の上で、この全員の一致の原則は守りぬかれている（米山、1967: 152）。

この文章につづいて米山は、判断には村の人たちの実利と結びついた「きわめて常識的、合理的」（同：153）な考えが支配していると指摘しています。

村が伝統的に全員一致制をとっていたことはつとに知られている事実です。そして、この全員一致制は現在も意外と社会全体に広がっています。たとえば自民党の総裁選は一国の総理になる可能性がありますから、非常に大切な選定ということで、しばしば全員一致制をとっています。全員がサポートする体制が必要だからという解釈からでしょう。全員一致制である場合は、会議を開いているその時間だけで決めるのではなく、別の場において事前に話し合う手続きが不可欠です。それは伝統的には「根回し」という農林の作業で使われることばで呼ばれています。

第 6 章

村の評価と村の思想

子どもたちによる無病息災の祈願　村内を一軒ずつ回る。

1　村の意図的消滅論

†個人の自由を束縛する

村は個人の自由を束縛するものであるから、よくないものとして消滅させるべきであるという考え方があります。これを村の意図的消滅論と呼びましょう。

村、そしてその構成単位である家が、個人の自由を束縛しているという指摘は、明治時代から現代に至るまで一貫してなされてきました。農村では、村に所属しない家というものはありえないことですから、家からの束縛はその大本としての村からの束縛とも解釈されました。もっと抽象的には封建制からの束縛という理解もあったといえましょう。

明治期で考えますと、この村や家からの束縛ということにもっとも敏感であったのは文学者ではなかったでしょうか。日本の近代文学史をひもとくと、つねに個人の自立ということが大きなテーマとなっています。そして、それを制限するものが家であり、また村であると理解されていたようです。

近代文学における個の自立論

ヨーロッパ文学からの強い影響を受け、近代文学（自然主義文学）を確立していく明治三〇年代末ごろからは、この傾向が顕著になっていきます。それは『破戒』（明治三九年）や『家』（明治四四年）を書いた島崎藤村の苦悩に如実に表れています。

藤村は作品をつうじて、現実には家や村に足を取られながらも、それでも近代的な自我を希求する姿を示そうとしています。自分の生活基盤としての足許と、頭で考える理念としての個人の自立という矛盾そのものが作品のテーマとなっている（奥野健男『日本文学史』、柏木隆雄「島崎藤村に見るジャン＝ジャック・ルソー」）といってよいでしょう。

社会学者の作田啓一は夏目漱石の『私の個人主義』（大正四年）などを通じて、つぎのような指摘をしています。

すなわち、留学したロンドンでみたイギリス人の自律性（自立性）が漱石にとっても手本になったと。ただ、その個人の自律性というものが、頭で考えるほど簡単ではなく、どれほどにむずかしいかということを『こころ』という作品で明瞭に示していると作田はいいます。そのむずかしさとは「社会からの桎梏《しっこく》」であるといえるでしょう。それは作田の用語を使えば、村落共同体（村のこと）などの中世的構造原理による桎梏でした。作田にとっては、村は「中世的構造原理」を背負っているものという理解でした。

島崎藤村や夏目漱石に限らず、それが太宰治（『津軽』）であれ、詩人の萩原朔太郎や高村光太郎であれ、封建制を色濃く内包した近代社会において、どのように自分を自立させるか、個を確立させるかということが大きな課題となっていたといえるでしょう。村は封建制の残滓《ざんし》とみられていたといっても過言ではありません。

このような近代における、それ以前の時代から存在していた社会構成体（村や町内や家など）を〝克服〟することを肯定する小説が近代小説として学校の教科書に採用されてきましたから、結果的に、村はよくないものとされ、意図的な消滅を促しました。

もうひとつ、村を消滅させる方向に寄与したのは政治・経済分野になるでしょうか。民主主義と市場経済は近代化の象徴であって、それと拮抗するものは否定的に評価すべきだという考え方の普及です。これはかなり常識的に受け入れられていることですから具体的な説明は省きましょう。

2　村の自然消滅論

†近代化のプロセスとして

意図的な消滅論以外にもうひとつ、村は自然消滅をしつつあるのだという解釈が成り立ちます。それは、近代化が進めば進むほど村は消滅していかざるを得ないものであるという考え方です。この考え方の主要な論拠は、村は封建的であるからというものです。じつは村が封建的であるかどうかは、事実としてはあやしいところがあります。家も封建的といわれます。それは、「お父ちゃんやお母ちゃんは封建的だ」と息子や娘が言うのと似ていてあまり根拠はありません。素朴に〝古い〟と理解したほうがよいかもしれません。

本当は、家も村も日本で封建制が成立する以前から存在しました（封建制は鎌倉幕府からという説や太閤検地からという説などがあります）。もちろん「お父ちゃんやお母ちゃん」という「父や母」も封建制以前にも存在しました。それらは封建時代をくぐって生き延びてきたという言い方のほうが正しいかもしれません。

ただ、文字通り、それらは近代よりも古くからあったことは事実で、より近代化していく過程で、その特性が弱まっていくだろうことはある面でいえるかと思います。したがって、たしかに村は近代化のプロセスで自然消滅をしていくのだ、という考えがあるのも頷けます。

しかし、厳密な言い方をすれば、村は封建時代以前から存在したのだから、封建時代に身に着けた衣を脱いで近代の衣を着ることになるという言い方になるのではないでしょうか。すなわち、時代の変化は衣であって、本質的なものは一貫して存在するのだという反論をつくることは可能かと思われます。

†民主主義と権威主義

近代の衣としては三つの主要な要素が考えられます。ひとつが政治の分野の民主主義、ふたつ目が経済分野の資本主義経済、そして三つ目が近代技術です。ここでのこの三つの選択は「近代化」のありふれた定義に従っています。

民主主義とはなにか、ということをまじめに考えはじめると頭が痛くなります。実際、多様な定義が存在します。そこで、民主主義を「独裁や権威主義の反対にある側」という本質的で単純な理解をすれば、分かりやすいかもしれません。そして、明治から現代まで、大きな傾向としては、独裁や権威主義は廃れてきたといえましょう。とりわけ、第二次大戦後はその傾向が顕著になったといえます。

ただ、村というものが他の組織体に比べて独裁や権威主義がはびこっていたのか、ということになると、これは明確には答えられません。村が国民国家や株式会社や町工場や教育機関やスポーツの団体など、多様な〝近代的〟な組織体よりも、明確に独裁的で権威主義的であったといえるでしょうか。

江戸時代や明治・大正期についてのわたしの村の理解は、自分が生きていた時代ではないので、他人の書いた書物や論文と現地の地方《じかた》文書によるものです。そこでは、たしかに庄屋や名主と呼ばれる村の長には権威があり、かれらはときには難題に対して独裁的に見えるかもしれないような決断をしました。

そして、総じて、かれらは比較的多くの土地をもっていた地主であったので、村の平均よりも、金持ちで大きな家に住んでいました。また、村はしばしば貧民層を抱えていました。すなわち階層差がありました。すでに指摘したようにマルクス経済学の立場の経済史家は、そこに、搾取・被搾取の関係があったという指摘をしており、それは対立する階級が存在したことを意味します。

これらはおおむね正しい指摘であるとわたしは思っています。ただ、室町時代の頃に基本的なかたちを整えた惣村というものが、関西地域を中心にしてかなりみられた事実も示しておきたいのです。惣村というのは、単純化していえば、村のメンバーが寄り合って物事を決めていくというもので、構成メンバーはそれぞれに一戸前（家の一人前のこと。家としての一票の権利）の権利をもっていました。

わたしは昭和四〇年代中頃から平成の時代に全国の多くの村々を歩き回りました。印象としては、関西では村のまとまりやその境界（領土域）がたいへん明瞭でした。それに対し、たとえば関東の農村では、栃木県の農村が典型ですが、郷という言い方をして、村のまとまりが明瞭でなかったり、茨城県に多く存在したような、江戸時代における相給《あいきゅう》村落といって、ひとつの村を複数の旗本や代官が支配していた例などがあります。

たとえばわたしの調べた鹿島郡二重作《ふたえざく》村（現・鉾田《ほこた》市）は、五人の旗本と一人の代官の支配（全員が江戸に住んでいる）でしたから、その支配に対応するために、ひとつの村に六人の名主がいました。そういうところでは、構造的に名主が独裁的にはなりえませんでした。

日本の村のなかでもっとも独裁的で権威的とみなされていたのは東北の農村です。東北の農村は本家と分家からなる同族団という強い組織をもっていました。本家は地主で通常は数町歩の田を持ち、分家の労働力をそこに吸収していました。

第二次大戦前にも岩手県二戸郡石神村(現・八幡平市)を丁寧に調査した農村社会学者、有賀喜左衞門は、前にもふれたように、本家と分家の関係を搾取・非搾取の関係ではなくて、庇護と奉仕の関係であると指摘しました。それは社会的な親子の関係です。日本では親子の関係は必ずしも血縁に限らない文化です。社会的親子(義理の親子)が社会組織の基底にあります。社会的親子は地域や職種によると親方・子方や親分・子分という表現に限らず、さまざまな言い方があります。それが東北の農村で典型的にみられました(1)。

さて、このように実際の農村をみてみると、日本の農村が他の組織体に比べてもっとも強く権威的で独裁的とは単純にいえなくなるのではないでしょうか。

†村と資本主義的生産

二番目の資本主義経済ですが、この資本主義経済の問題には、発展段階論的にみた「封建制の問題」と、もうひとつ、農村での「農業そのものが、資本主義的な生産形態をもつことができるのか」、というふたつの問題が含まれています。

もう知っている人が少なくなりましたが、マルクス経済学者のふたつの主要なグループ、講座派と労農派との間に、明治時代の位置づけについて封建論争というものがありました。それは土地の所有のあり方が論争の軸でしたから、農村の問題として受け取ることができます。一九三〇年代のことです。

近代に入ったといわれる明治時代はいまだ封建的であったかどうかが論点になったのです。ただ、第二次大戦以降になると、農地改革もあって、さすがに日本の資本主義は封建的だという指摘はなくなりました。

そういう意味では、近代化のプロセスとして、封建的なもの（主として地主制について）は消滅したという言い方ができるかと思います。しかし〝村＝封建制〟ではありませんから、村が自然消滅をするとはいえないでしょう。戦後は自作農を中心とした農村になりました。

もうひとつ、「農村での農業そのものが、資本主義的な生産様式をもつことができるのか」という点についてはどうでしょうか。

明治のはじめの地租改正によって、農地の私有が確立しました。しかしながら、いまだ資本家が広大な土地を買い占めて、資本主義的農業経営を行うというかたちは成立していません。最近の農業法人などにそれに近い形態のものがみられますが、その意図が異なります。農業法人は各農家の農業経営力を強めることを意図して結成されているのが通常の形態です。

農業法人は村という枠組みをけっこう利用していますので、いまのところ、村の自然消滅に寄与していませんし、かえって村の強化に寄与することがしばしばあります。

写真17　工場でのレタス栽培（写真：イメージマート）

また、工場で農作物を育てる手法も、ごくわずかであるとはいえ、近年では徐々に商品化されるようになってきています（写真17）。これが将来、どのように発展するかはいまのところ不明です。ただ、LED（発光ダイオード）などの人工の光と土の代わりに培養液を使うことが原因でしょうが、その味が〝水くさい〟としばしば言われています。ただし、特定の小型の野菜をつくることにはメリットもあるようです。

こういう現状をみると、そもそも農業が資本主義的生産様式に適合する必要があるのかという社会科学の古典的な議論を想起してしまいます。資本ではなくて、土地を基本におく農業は、資本主義的生産様式とは異なった論理が成り立つ可能性があります。とりわけ、情報化が進むなかで資本主義的生産様式そのものが大きく変容しつつあるわけですから、これは将来の課題でしょう。

†近代技術のプラス・マイナス

三番目の近代技術ですが、近代技術は農民を田畑での重労働から解放しました。その意味で大きな貢献をしたといえるでしょう。

すなわち農村は諸手を挙げて近代技術を導入しました。それは耕耘機《こううんき》からはじまってコンバインなどの農業機械、化学肥料、除草剤も含めた農薬などです。その意味で農村は近代化したといっても過言ではありません。技術面では、農村は近代の衣を着ました。

しかし事はそれで済まなくなりつつあります。じつは農村の技術的近代化は、プラスの面だけでなく、マイナスの面も大きいことが近年では指摘されています。

近代農業は農民や消費者の健康によくない面があることがあきらかになってきました。

農薬による農民の健康被害、また消費者もやや間接的ですが、農薬を使って化学肥料で作った農作物は健康によくないとか、おいしくないとか思いはじめました。そして有機農業に魅力を感じはじめたのです。

現在、慣行農業（従来の農業）の発展形態として、工場生産農業と有機農業のふたつに枝分かれしています。先ほど述べたように工場生産農業の貢献も少しは意味がありますが、わたしは味と健康を考えて有機農業に期待をしています。いまはこのような状況かと思われます。

こうして見てくると、放置しておいても、近代化によって村は自然に消滅していくだろうという予想は、それほど正しいものとは思えません。

けれども、村は個の自立に否定的だし、封建的で古いものだという〝意識〟はわが国民に強く共有されています。そのため、日本から村は消えてもよいのだという考えをもつ人たちがわが国民のある割合を占めています。そのことは村の消滅に寄与するでしょう。

†過疎化の危機

そういう状況下で、意外な外的要因が村の自然消滅に寄与することになりました。それは人口減による過疎です。

現在、過疎対策は存在するものの、本心としては、消滅はやむを得ないのではないかと多くの人が判断していると思われます。この判断は最近のTPP（環太平洋経済連携協定）を契機とした農村対応にも強く反映されています。海外からの食料品に対する関税の撤廃論です。すなわち、外国の農産物の輸入に対して、垣根を設けないという考えです。

そうなると、政府が食糧自給というものを真剣に考えなくてよいのかという問題が現れてきます。もし永遠に地球規模の国家間の関係がよい状態を保てるというならば、食糧自給にそれほどこだわる必要はありません。しかし現状はどうでしょうか。

以上をまとめますと、村が封建的であるというのはある種の濡れ衣であって、時代時代に衣を替えながら生き延びてきたものです。しかし、古くからあったのは事実だから、近代化に反するものだという言い方が成り立つとは思います。

丁寧に見てきたように、本来、村は自然には消滅しないものだと言い切ってよいかと思います。けれども、人びとの考え方として、古く封建的であるという意識は根強く、その結果、村が社会的に困難に陥ったときでも政策的な救いの手があまり差し伸べられないために、消滅する危機があることは否定できません。

現在の社会的困難は人口減による村の過疎です。「山奥の村はなくなっていいんじゃない」とか「都会に近い村は農業をやめたら」というような声が巷に満ちているようにわたしには思われます。

そこで、村が消えてはいけない理由をしっかりと考えておく必要があるのです。その場合、検討すべき材料は政府の将来計画であるSociety 5.0かと思われます。このSociety 5.0とは少しばかり異なる方向について、最後に検討をしておきたいと思います。

3 Society 5.0と異なる方向へ

†Society 5.0とは何か

Society 5.0(ソサエティ・ゴー・テン・ゼロ)とはわが国における一層の経済発展を推進するための将来計画です。それを数年前に政府と経団連(日本経済団体連合会)が協力して作成しました。5・0とは、人類社会は狩猟、農耕、工業、情報という四つの段階(革命)を経て、つぎの五番目に至るという意味からの命名です。

この五番目の段階では、仮想の空間であるサイバー空間と現実の空間であるフィジカル空間とを高度に融合させたシステムを形成し、情報段階とは異なった人間中心の社会をつくろうというものです。

そこでは膨大な情報の処理能力をもったコンピュータ、ＡＩ、ロボットなどの革新しつづける技術を利用して〝超スマート社会〟を実現しようとしています。ドローンを利用した宅配、高齢者の相談相手のロボットなどが例示されています。

このSociety 5.0は自然についてはどのように考えているのでしょうか。文科省『科学技術白書』（二〇一六年）や内閣府のホームページでは公園などの緑が描かれています。公園は望ましいようですが、自然そのものについては見解がないので、はっきりとは分かりません。

ただ、エネルギーについての関心は高いようです。農業については農林水産省が「バイオ燃料等を製造する技術や、施設園芸において、再生可能エネルギー等を効率的に利用する技術の研究開発を重点的に実施している」（文科省、2016: 180）ということです。

Society 5.0 において、農業については典型的には園芸農業のようなもの、極端には農業の工場化をめざすような方向性が垣間見えます。

こうした試みを一概に否定することはできません。わたしもそのような工場が設置された農村をおとずれたことがあります。ごく近くに通勤できるので便利なのですが、村人の表情はさえません。日給は悪くはないものの、かれらのいままでの農業観とまったく異なる方向を向いているからです。

「あそこ（工場）に行くのは、道路工事の日雇いと同じだよ」と農民のひとりがわたしの質問に答えてくれました。すなわち農民にとっては、農業ではないのでしょう。

じつは、現在の村において農業の自己変革は、これとは異なる方向で進んでいます。それが先に述べたような有機農業の方向です。有機農業は自然を活かす農業だといえます。それに対して、Society 5.0 に垣間見える農業は、できるだけ徹底的に自然をコントロールした農業です。現在、農村はこの一八〇度異なるふたつの方向に直面しているのです。

思い切った言い方をすれば、Society 5.0 的な発展論は、村に対して、〝地域の力〟を期待しているのではなくて、農村地域の〝安い労働力〟（能率の良い労働力）に期待しているのだといえます。

†当たり前の平たい人間関係

これまで本書でみてきたように、農村の人間関係が教えてくれているのは、生活の基本のところは平たい人間関係であることです。その人間関係に支えられて、農業経済学者の小田切徳美の表現を借用すれば、村というコミュニティはそもそも「面識集団」の範囲で、「手触り感」のあるものなのです（小田切、2009: 25）。

これは村の世帯数がきわめて多いところでも五〇〇世帯ぐらいといたって少ないことによります。言葉を換えれば、地域の崩壊を避けるために地域力をつけるには、農山漁村に限らず、この小規模の世帯数のコミュニティが基礎になければならないことを示唆しているといえるでしょう。

いま引用した小田切の『農山村再生』という本は、もうひとつ大切なことを教えてくれています。すなわち、「地域再生の地道な取り組みが行われているところでは、その目標が、「所得増大」や「若者定住」という個別的な項目に設定されてはいない。より幅広い課題、つまり「安心して、楽しく、豊かに、そして誇りを持って暮らす」というように総合的に課題設定され、それらを着実に目指している」（小田切、2009: 18）。このような指摘です。

これは村というコミュニティにおいては、コミュニティ総体としての目標を設定したほうが施策としてもうまくいくという指摘です。小田切は現代の農村分析でそのように述べたのですが、じつは村は伝統的にもそうであったのです。寄り合いなどで、個別的な項目が発議された場合、個別性を全面的に否定することなく、最終的には総合的な課題と結びつけるかたちで決着をつけるようにしていたのです。

†自由主義と共和主義

最後に村とかかわって、思想的なことに言及したいと思います。

ここで突然、視点が変わりますが、ヨーロッパには封建時代を切り抜けてきた近代の思想として、共和主義と自由主義のふたつがあります。このふたつの思想はブルジョワ民主主義ともいわれています。その理由は、他にアナーキズムやコミュニズムという労働者や貧困層を中心に支持されていた思想があったからです。

ところで、明治以降の日本の政党で、共和主義政党が成り立たなかったのはどうしてでしょうか。自由主義を標榜《ひょうぼう》する政党と共和主義を標榜する政党とが争った歴史をわたしたちの国はもっていません。政治学者の川出良枝《かわでよしえ》が「様々な思想を欧米から輸入してきた日本だが、定着、普及しなかった思想もある。近年の歴史観論争を見るにつけ、そうした一つの共和主義に注目せざるをえない」（川出、2000）と指摘しています。

この章の第1節で、島崎藤村などが村を否定して自由や個の自立を唱えたことを紹介しました。自分という個の自立と個の自由は、自由主義の思想です。自由民権運動家の板垣退助の「板垣死すとも自由は死せず」ということばはとても有名です。

この板垣らによって明治一四年（一八八一年）に日本で最初の政党である自由党が結成されます。翌年に大隈重信などによって立憲改進党が結成されますが、それは主権在民をとなえる自由党（主要支持層は農民）よりやや保守的で、君民同治（君主と議会とが共同で統治にあたること）をとなえ主に資本家に支持されました。しかしこれは共和主義ではありません。

では、共和主義とはどのような考え方でしょうか。共和主義にも考え方の幅があり(2)、ひとことで要約することは難しいのですが、いままでの説明の流れでいえば、個人よりも仲間集団を大切にする考え方とでも言えばよいでしょうか。自分が犠牲になっても（これは自由主義の考え方にはありません）、仲間集団を守るという考え方です。アメリカの西部劇などで、町を守るために男たちが銃をとって戦うというのは、共和主義的考え方です。

阪神淡路大震災後、わたしたちの国ではボランティア活動が盛んになりましたが、このボランティアは共和主義的発想を基盤としています。

ボランティアの語源を探っていくと、志願兵とか自警団という用語に出くわして意外な感じがするかもしれません。他人の幸福のためには自分の奉仕を厭わないという考え方を、それは反映しているのです。共和主義とは〝自分たち〟で社会(コミュニティ)を守る、社会をつくっていくという考え方です。

このように説明をすれば、アメリカの奴隷解放宣言を発したエイブラハム・リンカーンが共和党員であったことも理解できるかもしれません。かれは有名な演説で「分かれたる家は立つこと能《あた》わず」(「マルコ伝」三章二五節、高木八尺・斎藤光訳『リンカーン演説集』岩波文庫、一九五七年、四三頁)といっています。この場合の家は連邦国家の比喩です。彼は奴隷制度によって国家が分裂することを避けたかったのです。連邦国家をひとつの共同体と理解すればこの演説の意味が分かりやすいかもしれません。

†反君主制としての共和主義

ところで共和主義はもうひとつ他の側面をもっています。国家論として君主制と対立した考え方をもっているのです。共和国と言ったときには君主制が否定されています。君主をもたない現在の国家が共和国と名のっている理由です。

日本の歴史学者のなかで共和主義を正面から取り上げた代表的論文は家永三郎による「日本における共和主義の伝統」(一九五八年)です。家永はつぎのように言っています。

安藤昌益の君主制批判のごとき積極的共和主義は、前後に例のない孤峰にとどまるとしても、消極的な形で皇室尊崇と無縁な人々のほうがむしろ多数を占めたのではないかと考えることは、決して無理な推論ではない。明治以降のブルジョア民主主義的共和主義の形成を考えようとする場合、これに先行する封建以前の段階における右のごとき実情を認識しておくことは、きわめて重要であると思う(家永、1958: 3)。

江戸時代の思想家である安藤昌益は共和主義者であるけれども、その意見は世間一般に受け入れられているものではなかった。一方で、皇室という君主を崇めるというような共和主義に反する考えを一般庶民がもっているわけでもなかったといっています。

そして家永は「明治初年の最大の思想家であった福沢諭吉も、根底においては、共和主義者であったと見るべきである」(同：5)と述べたのち、木下尚江などの共和主義者を紹介しています。

また、明治以降の時代は「天皇制権力の支配下なのであるから、正面から共和主義をふりまわすことは自殺行為にほかならなかった」(同：4)という言い方をしています。この場合の共和主義は君主制批判の思想としての側面を言っています。有名なこの家永の論文も戦後になって書かれたものなのです。それ以前の時期に書くことはむずかしかったでしょう。

†村は共和主義か？

このように共和主義は国家論としては反君主制の側面をもっています。しかしながら、国家論ではないもうひとつの側面、自分を少しばかり犠牲にしても仲間集団を大切にするという共和主義的考え方は自由主義と共存しながら脈々と息づいてきました。

村はとても共和主義的だとわたしは思っています。いままで見てきたように、村では、村というコミュニティの優先度が高いからです。明治以降の文学者たちにとって、自分たちが若者として育った村や家は自分たちを束縛するものであると理解し、自由主義に新鮮さを感じたのは当然かと思います。

先に引用した川出はそれにつづく文章でつぎのように共和主義を説明しています。「共和主義は市民〔ここでは市民を村人をも含めた人民と受け取ってほしい——鳥越注〕に「共通のものごと」の運営に積極的に参加し、公共の利益の追求に献身することを要請する思想であり、共同体にふさわしい市民の徳と人格を育成することは、きわめて重大な課題である。「自由」であることは、国家権力から解放されていることではなく、自分で自分を統治できることを意味する」（川出、2000）。

そして川出はさらに続けます。「私人としても十分生きていける者が、得にもならないのにわざわざ骨の折れることを引き受ける。共和主義的な発想の本質とは、ある意味では「不自然な」市民の行為に、人間の可能性と偉大さのあかしを見いだすところにある。日本において共和主義が居場所を見つけられない事情はこのあたりにあるだろう」（同）。

川出は政治思想史を専門とする政治学者なので、日本の村の組織まで分析することはなかったと思いますが、これまで述べてきたように、日本の村はたいへん共和主義的でした。思い切って言えば、共和主義は日本の村で居場所を見つけていたのです。

したがって、近代文学（自然主義文学）を確立していく明治三〇年代末ごろからの文学者の自由とは、かなり「私」的なものであることに気がつきます。社会の自由ではなくて、自分の自由なのです。

そして気をつけなければならないのは、かれらは共和主義的であった家や村などに支えられた社会の裕福な層の出身者であったことです。家や村は〝みんな〟が生き残るための知恵として生まれたものです。そこにはみんなのためというガマン（自己犠牲）が存在します。それを嫌がった裕福な若者たちが、島崎藤村などの文学者たちだといえる側面があることはあながち否定はできません。

†村の知恵を活かす

このように説明をすると自己犠牲を伴いがちな共和主義は魅力がないかもしれません。しかし現在では状況が変わってきました。さまざまなボランティア活動やまちづくり活動は共和主義的です。(3)

写真18　道路掃除のボランティア（香川県善通寺市、著者撮影）

活動の過程においては自分の自由や自立を抑制しながら、コミュニティ活動の活性化のほうに比重をおきます。高齢でボランティア活動をしている人に訊いてみると、他人のためにつくすことに生きがいを感じているという言い方をされます（写真18）。

日本の代表的なボランティア活動家の早瀬昇が、わたしとの対談でボランティアについておもしろい指摘をしていました。

『ボランティア――もうひとつの情報社会』（金子郁容著）という本のおもしろい点は、善意という言葉がいっさい出てこず、ボランティアとは発見なのだと言っている点です。またそれを受けて、『広告批評』の編集長をなさっていた天野祐吉さんが、ボランティアというのは究極のレジャーだと言っています（早瀬・鳥越、2001: 63）。

すなわち共和主義的考え方に立つボランティアでは、自分の行為は「他人に対する善意」だという言い方が一般的にはできるけれども、それは切り口を変えると、発見であるし、究極のレジャーなのだという指摘です。

自分自身よりも他人のためにという共和主義的考え方は、表面的に見ると、他人（みんな）のほうにポイントが置かれています。しかし改めて考えてみると、それは自分の生き方を発見したり、また自分のレジャーという楽しみがあったりという自分自身への見返りがあるという指摘なのでしょう。

本書の中でも少しだけ述べたように、お祭りやその準備は当然ですが、道の整備や清掃というやや地味な共同の作業をした後でさえ、食事やお酒のふるまいがなによりの楽しみだと言っている人がいました。つまりそこには汗をかいた後の雑談の楽しみがあるということでしょう。

ところで、注記しておけば、村が培ってきた共和主義的考え方は、現在のまちづくり活動とは相容れないところもあります。もっとも異なっているのは領土的占有感が強い村のコミュニティに対して、まちづくりの活動においてはコミュニティの地理的範域にさほど関心はなく、「地域」として概括的にとらえる傾向があることです。

これには一長一短があるでしょう。それでも、村で培ってきた多様な知恵をひとつひとつみていくと、そこには今後の社会のあり方や自分の生き方を考えるときのヒントが多く含まれていることに気づいていただけるかと思います。

あとがき

ここまで「日本の村から学ぶ人づきあいの知恵」についてさまざまに書き連ねてきました。つまりは本書でいってきたことは、何なのでしょうか。そのキモは何なのでしょうか。つぎに示す「猿の仲裁」という昔話を使って、そのキモを直截に述べておきましょう。この昔話は東京都檜原《ひのはら》村数馬集落において、明治三四年生まれの話者から昭和五四年に聴き取ったものです（『民話の手帖』第二三号、一九八五年。読みやすいように鳥越による加筆がある）。

むかし、あるところに、ここのような山間地がありました。これは犬と猿と狐の話なんです。

最初、犬と狐とで、

「遠足に行こうじゃあねえか」

という相談で、山登りをやったわけですね。

ノコノコと山へのぼって行くうちに、途中で、鹿の片足を犬が先に見つけたんですね。

そうすると、狐も、

「俺の方が先に見つけたんで、ただ、おめえの方が取っつきに早かっただけで」

というような理屈をつけてケンカになってしまった。

そうすると、上の方の山でそれを見ていた猿が降りてきてな、

「お前たちは何をするど！　この肉ごときでケンカをすることはねえじゃないか。仲良く二人で食べたらいいじゃねえか」と、

「二人で食べるのに具合が悪いなら、わたしがなかよくするために、半分ずつ同じに分けてやろう」

と猿がいって、

「それじゃあ、ぜひ頼む」と。

猿は肉を二つに分けて、秤《はかり》ではかったところ、最初、犬の方が少し重いので、一口こっちの重い方を食べてやるといって食べ、つぎは狐の方が重いといって食べ、そしたらなあ、また今度はあべこべに向こうが軽くなったという風に、そっちも食べ、こ

っちも食べ、終いには骨だけ残したことになった。
「お前ら、さあ、これでケンカはねえから、さようなら」
といって、逃げてしまった。
そこで、犬と狐は、まあ、二人がケンカをしたから喰いそこなった。だから、仲良くしようじゃないか、ということで山を下りたという話なんです。

すなわち、本書でいってきたことは、犬と狐が出した結論の考え方です。ずる賢い猿に批判の矢を向けないで、自分たちがケンカをしたから損をしたのであると、だから「仲良くしようじゃないか」という結論です。原因は「猿の悪知恵」ではなくて、「自分たちのケンカ」であるという判断をするその価値観です。

いつも顔を合わす村（コミュニティ）では、このような価値観が尊ばれました。あるいは育成されていたといったほうがよいかもしれません。

それはつぎのようなことを避けるためです。都会での具体例を出せば分かりやすいかもしれません。ある公立小学校での話です。子どもたちがペアになって、定期的に学校の花に水をやりに行くことにしていました。ところが、ペアを組んだ相手が来なかったときに、待っていたほうの子が「A子ちゃんが来なかったよ」と母親に話しました。すると、その母親は怒って「先生、A子ちゃんにペナルティを与えてください」と学校に電話をしました。これは、そうではなくて、「あなたが行ったから花が枯れなくてよかったね」というふうに子どもに対応することができなくなっているのです（対談で多賀幹子さんが紹介した事例の要約、『The Community』第一四三号、二〇〇九年）。このような「怒る母親」をつくらない知恵が村の育成なのです。

ですが、現代社会では、猿への批判という論理構成が好まれています。あるいは謙虚な言い方をすれば、結果としてそちらが選ばれることが多いのです。本書でいっているのはそれとは別の論理構成です。自然とも仲良くし、ほとんど「つとめ」の気持ちで、仲間とつきあうことなのです。それは長い代々をかけて獲得した「われらは〝共に〟生きている」という事実認識であったのです。

それを発信しつづけているのが村なのです。村は「能率の悪い農業生産をしているところ」という新自由主義的な理解だけで済ませたくないものです。

注

第1章　村の知恵とコミュニティ

（1）　どの番組であったか忘れたのですが、テレビで仏教のお坊さんがとても分かりやすい説明をしていたことを記憶しています。そのお坊さんがいうにはわたしたちはいろんな人たちと縁《えん》を結んでいる。このいろんな縁の束が自分自身である。自分が亡くなるということはこの縁の束が消滅することであると。肉体の死滅よりも、縁という人間関係（その他の関係も含めて）の消滅に死を置いていることが印象的でした。

（2）　筆者はこの審議会のメンバーです。

第2章　村とローカル・ルール

（1）　近世史家の大石慎三郎が「領主の行政は村役人までで村落内部には立ちいらぬのが原則」（大石、1977: 158）といっているように、江戸時代には村のことは村民自らが工夫をして解決をしていくしかありませんでした。それが結果的にはよい伝統となりました。なお、村ごとに「宗門人別改帳」というものをつくる必要がありました。これに個人の名前が出てきますが、これは領主が個人を把握することを目的としたのではなく、キリスト教の信者を出さないことを目的とした記録帳です。

（2）　鳥越皓之『水と日本人』一一四―一二四頁。

（3）　詳しくは鳥越皓之編『原発災害と地元コミュニティ』を参照。
（4）　このように書くと当該地区の悪口に聞こえますが、よい言い方をすれば、この地区が平和であるからかもしれません。ある政令指定都市の地区で、少年が殺されるという悲劇が起こったことがあります。その地区ではその後住民が集まって討議をして、いまでは子どもたちが登下校時に近所の人たちに挨拶をしますし、道路はきれいに掃除がされ、道路の隅に花壇をつくる住民も出てきて、たいへん強固な自治会になっています。

第3章　村のしくみ

（1）　この家の格の強固な組織体として本家と分家との関係から成り立つ同族団があります。同族団という名称は研究者によって命名されたもので、それは強固な集団性をもったひとかたまりとして、村内に複数存在します。そのような村は東北地方にとくに多くみられました。ただ、関東、西日本も含めて、本家・分家というゆるやかな組織（同族組織）は現代でもかなり広範にみられます。一般的には本家は同族のなかで、もっとも多くの土地を所有しています。
（2）　あたらしく村へ移住した家。通常は村内に保証人を立てます。保証人を草鞋親と呼んでいる地域もみられます。
（3）　入学年も年齢階梯の一種なので、それと実際年齢という二重の年齢階梯でのとまどいです。大学では入学年のほうが重視されます。ただ、三浪をしてきたようなつわものには敬語を使うことがよくあります。わたしがクラブの部長をしていた経験でも、「ご老公」というあだ名をつけ、コンパなどのときに「頭が高い！」といって楽しんでいました。

(4) 大石慎三郎の研究によると、このような言い方ができるのは、本百姓成立期の寛文年間以降のようです(大石、1968: 256-278)。

(5) なおこれは改訂されて『有賀喜左衛門著作集』I、II巻に収録されています。また、同著作集X巻の一四八頁にも類似の指摘がなされています。

(6) この具体的な事例は『有賀喜左衛門著作集』X巻、三二八―三二九頁に詳しい。

(7) ただ、現実の地主・小作関係、とりわけ近代以降の私的所有権の法認以降の地主制確立期においては、ここでの説明は僻地ののどかな事例と言える側面があることは否定できません。ここでは親分・子分関係の簡素な説明のため、という限定をもっています。

(8) 有賀喜左衛門『日本家族制度と小作制度』のなかで実証的に示しているのは、結果的に保険としての機能を果たしたのであって、完全に自立した分家を出させるほどに十分な土地をもたない本家と、分家による労働力提供で本家に依存することになった事実です。有賀は本家・分家によってなりたつ同族団を「利害共同集団」(有賀、著作集II巻、1966: 700)と名づけています。また有賀は、家は家族〔家のメンバーのこと〕の生活保障をその大きな目標としながら、その充分な能力を持たなかったので、何らかの家の連合体〔同族団など〕に頼らなければならなかった(有賀、著作集IX巻、1970: 134)ともいっています。

(9) 詳しくは、鳥越皓之『家と村の社会学』一九―二四頁。

(10) 福武の厳密な議論については鳥越皓之(『家と村の社会学』1985: 88-90)で紹介をしています。

(11) このような食料を中心とした文明史的変化の過程についてはジャレド・ダイアモンドの『銃・病原菌・鉄』が有名です。

(12) 自然の神々については、鳥越皓之『自然の神と環境民俗学』に記しています。
(13) 湿田であるところは、溝をつくり、田の底に小石を入れ、その上に砂を入れて水はけをよくしています。
(14) 本書では堀尾尚志・岡光夫校注『日本農学全集』第四巻を使用。なお本文での引用部分は二三七―二三八頁です。
(15) 環境社会学という社会科学についての言葉が出てきましたので、ここで「科学」の特徴について言及しておきましょう。社会学などの近代科学は、理念的には、どの空間どの時間においても成立する客観的原理を追求する性向をもっています。帰納的手法(個別の具体的データを集めるところから作業をはじめる方法)を選んだ場合も、確率論的考えに立って、一般的に成り立つものを求めます。たとえば「その人が所属する社会組織の結束力が弱くなればなるほど、その組織に所属する人の自殺率が高くなる」というような一般的な原則(命題)を導き出すことを、基本的に目的としています。そのため、個別の事象は施策として具体的に応用するときの一般原則からの修正項にすぎません。ところが村ではそれと正反対の、一般性とは逆の個別性を基点としています。原理的には、一つの山、一枚の田の個別性に目を向けるところからその論理が成立しているのです。
(16) 江戸時代は新田開発が盛んになった一方で、それは同時に「山争い」を頻発させました。山のとりあいとなったのです。田だけをあたらしくつくっても、そこに入れる肥料がなければ意味がないからです。たとえば田口二郎『町村肝煎　市郎右エ門文書　町は生きている』にその事例が示されています。
(17) わたしは内山とふたりでNHKの「こころの時代」という番組に出演したことがあります(一九九八年一一月二九日放映)。そのときのテーマが「無事ということ」でした。この対談では、あいさつで

「ご無事でなによりです」ということから話をはじめて、わたしたち日本人にとって「事が無いことを喜ぶ」という世界観が大切であることを議論しました。

(18) わたしの若いころの経験なのですが、ある行政村で月に一度、定期的に村のあり方について、村長や村人との話し合いの会が開かれていたことがあります。村長は経験が豊富で、集まっている村人もしっかりした人が多かったため、わたしの出る幕はありませんでした。そこで村長さんにわたしは出席することを遠慮したいと申し上げたら、村長さんはこのように言われました。先生はお坊さんみたいなものです。われわれはお互いに知り合いなので、集まるとつい雑談になってしまって成果がない。また、しばしば感情的になってしまう。先生が座っているだけで、集まりがうまくいくのです。そういわれて、わたしは座ってときたま発言するだけで手当をもらう羽目になりました。

(19) この理論的な詳しい説明は鳥越皓之『環境社会学の理論と実践』(有斐閣、一九九七年)四九—六一頁を参照。

(20) この種の利用権という考え方は、現在の日本社会のなかに生きています。たとえば、ある会社のある課の部屋の外の広い廊下の隅にテーブルが置いてあって、昼休みごとにその課の女性たちがそこでお弁当を食べていました。あるとき昼休みに会議を開く必要ができたけれども、会議室がとれないので、このテーブルを使って会議をすることにしたとしましょう。

この種の利用権を知らない課長だと、「会議をするからどいた、どいた」というか、まだ女性たちが集まっていなければ、知らん顔をして、そこで会議をするでしょう。ですが、もしこの種の利用権を知っていたら、その課長は「悪いけれども、部屋がないので、今日はここを使わせて」という言い方をします。そう言われれば、通常は女性たちは簡単に引き下がるし、悪い気持ちにもなりません。いつも利用していることがある種の労働投下になっていて、そこにここでいう利用権が成立しているので、断りを入れるのが礼儀なのです。

(21) 村という空間で展開される組織のなかでのあまり気のつかない個性について説明をしました。この機会にさらに空間での設備についての現状を説明させてください。

世界中の都市を席巻しているのは無機質な長方形の箱のような高層の建物です。ニューヨークは言うにおよばず、東京も名古屋も、大阪、福岡もそうです。

この長方形の箱にはその前の時代と大きく異なった特色があります。堅い言葉ですが、「場所性」がないということなのです。そのことをわたしは建築学者の原広司さんの著作から学びました。原さんは「場所に力がある」という言い方もされています(原、1998: 12)。この長方形の建物には、ほとんど装飾がありません。目立った色彩も使いません。そして言うまでもなく形態に特色がありません。そして建物の外の気候を切断して、内部で温度、湿度、光を調節しています。その内部はほとんど同じ空間なので、数字だけが頼りです。わたしたちはフロアの数字を見てどの階にいるのか、またドアのナンバーを見て、その階のどこに行けばよいかを探します。つまり内部の空間にはその場所固有の特色がないのです。

さらに問題は、この長方形の箱は気候的に内部と外部を遮断しますから、どのような場所にでも建てられることです。自然環境をとくに選びません。これが結果的に自然の破壊に結びついていきます。この長方形の建物に象徴される考え方は、建物に限らず、道路や橋など、広い分野に広がりつつあります。道路だと直線がもっとも望ましいという発想になり、山や川という自然に、穴を掘り、橋を造っていきます。森に生き物たちがいるかどうか、どのような自然であるかは無視され、そこがたまたまふたつの都市を結ぶ直線上にあたれば悲劇です。たまたまカーブにしたのは、建築費用が安いからなのです。

このような考え方は近代の合理主義から出てきています。この合理主義を徹底することが、近代の特徴であり、わたしたち人類はそれを望ましいとみなしたのです。それはそれでよい側面もあったのでしょうが、わたしたちが生きている地域空間のそれぞれの場所には歴史があり、個性があります。先に述べたような合理主義の極端な傾向は人間性や自然を否定するものであるため、最近になってなにやらおかしいと思う人たちが出てきました。新しい流れとして、その空間の個性としての場所を意識することの大切さに気づく人たちが増えてきたのです。まちづくりの活動はそのような流れのひとつです。それは「場所さがし」と呼んでよいかもしれません。

第4章　村のはたらき

(1)　このように断言をしているのは、わたしはいくつかの地方自治体の委員として、小学校区に協議会をつくることを決めるときの説明に参加していたからです。

(2)　地域における自腹を切るという考え方の実践例は最近まで「自治会費を払う」というかたちでほそぼそと持続してきました。今後はたとえば子どもの夏休みのラジオ体操に寄付をするなど、寄付というかたちで対応できるかもしれません。

(3)　この「交換不可能性」は肩書や職種を超えた「個人」に目が向けられています。社会学的にいえば、個人の発見は近代社会の「人間」というカテゴリーの誕生を待たねばならないといわれています（詳しくは、片桐，2022: 6を参照）。ある面ではそのとおりでしょう。しかしながら、村の生活を丁寧に紐解いていけば、近代社会より前から家柄や肩書や階層の底に、明確に「人間」が存在し、「個人」が存在しているのです。それは第6章第3節の「当たり前の平たい人間関係」とも関係しています。

(4) 現在の法律に共有という概念がありますが、法律にいう共有というのは個人と個人が名義を合わせて所有をしていることで、あくまでも個人が基礎になっています。ただ、漁業権などで「総有」という概念があり、これは江戸時代からの慣例を引き継いでいて、民法の原則から外れています。

(5) 江戸時代の土地の権利関係については研究書が多くありますが、渡辺尚志『村からみた近世』が便利でしょう。

(6) 村名が特定されることを危惧してあえて引用文献名をあげません。ただ、わたし自身もその文献を読んだ後に現地に行って確認をしています。またそこでは現在はそのような慣習はありません。

(7) 近江(滋賀県)知内村の記録(古川編、2008: 181-184)によりますと、明治八年(一八七五年)にある人が自分の納屋で出火させ納屋を焼失させていますが、そのときに贖罪金一円五〇銭を村に支払っています。その四年後の明治一二年(一八七九年)には、別のある家の失火で風が強かったため、一四戸の家が焼失させましたが、贖罪金は同額の一円五〇銭を支払っています。ということは、火事の規模と関係なく村に一定額の贖罪金を支払う定めになっていたと推察されます。

(8) これは分かりやすくするために模式化した説明となっています。現在実際に行われている例としては足立重和「生きざまの社会理論――ある地域の頼母子講の事例から」(足立、2017: 127-137)が具体的な説明をしています。また江戸時代の具体例としては浅井潤子『暮らしの中の古文書』(浅井、1992: 98-107)が古文書で例示して説明をしています。

(9) ここまでの文章は鳥越皓之『サザエさん的コミュニティの法則』(鳥越、2010)を基に加筆修正したものです。

第5章　村における人間関係

（1）　あいさつの漢字「挨拶」は柳田國男によると、禅僧が中国から輸入した漢語で、「挨」は押す、「拶」は押し返すという意味をもち、禅宗では、門下の修行僧が問答をもちかけて答えを求めることを意味したそうです。それに対して、わたしたちの国ではもともとは挨拶という漢語を使わないで、それを「言葉かけ」といいました（柳田、第一九巻、1969: 452）。他の人と路上で出くわしたり、すれ違うときに無言で通り過ぎるのは、たいへん失礼な行いとみなされてきたのです。

（2）　宮本常一「対馬にて」『忘れられた日本人』（『宮本常一著作集』第一〇巻、1971: 7–14所収）。

第6章　村の評価と村の思想

（1）　この親分子分研究は、一九六〇年代から社会学者の研究によって、農村に限らず、他の分野にも広く浸透しているものであることが分かりました。やくざを分析した岩井弘融『病理集団の構造』一九六三年、商家における本分家の親方子方関係を扱った中野卓の『商家同族団の研究』一九六四年、炭鉱労働者の親分子分関係を分析した松島静雄の『友子の社会学的考察』一九七八年などが代表的なものです。

（2）　田中秀夫・山脇直司編『共和主義の思想空間』および大森秀臣『共和主義の法理論』が本稿での説明とかかわりがあって理解しやすいでしょう。田中秀夫は「民主主義は共和主義的な公共精神に媒介されないとき、たんなる数の支配に堕する」（田中・山脇編、2006: 2）といっています。

（3）　ここでは共和主義は「公共善」を追求する思想と考えています。そのため共同体の価値を重んじるコミュニタリアニズムという考え方も共和主義のひとつの表れとわたしは理解しています。コミュニタリアニズムの研究をしている菊池理夫《まさお》は「コミュニティの価値ですが、たとえば参加性、参加、連帯、相互扶助、友愛、こういったものがコミュニティの価値です」(菊池、2009: 57) という言い方をしています。

〔なお、本書の作成のための資料収集の一部として、大手前大学交流文化研究所プロジェクトの補助金を使用した。〕

参考文献

秋道智彌『なわばりの文化史』小学館、一九九五年。

足立重和「生きざまの社会理論——ある地域の頼母子講の事例から」鳥越皓之・金子勇編『現場から創る社会学理論』ミネルヴァ書房、二〇一七年。

有賀喜左衛門「名子の賦役——小作料の原義」『社会経済史学』第三巻第七号・第一〇号、一九三三年・一九三四年。

有賀喜左衛門『有賀喜左衛門著作集Ⅱ』未來社、一九六六年。

有賀喜左衛門『有賀喜左衛門著作集Ⅸ』未來社、一九七〇年。

有賀喜左衛門『有賀喜左衛門著作集Ⅹ』未來社、一九七一年。

家永三郎「日本における共和主義の伝統」『思想』八月号、岩波書店、一九五八年。

岩井弘融『病理集団の構造』誠信書房、一九六三年。

内山節『自然と人間の哲学』岩波書店、一九八八年。

内山節『里の在処』(『内山節著作集 13』)農文協、二〇一五年。

大石慎三郎『近世村落の構造と家制度』御茶の水書房、一九六八年。

大石慎三郎「都市と農村」黛弘道他編『概説日本史』有斐閣、一九七七年。

大森秀臣『共和主義の法理論』勁草書房、二〇〇六年。

奥野健男『日本文学史』中央公論社、一九七〇年。

小田切徳美『農山村再生』岩波ブックレット、二〇〇九年。

柏木隆雄「島崎藤村に見るジャン=ジャック・ルソー」永見文雄・三浦信孝・川出良枝編『ルソーと近代』風行社、二〇一四年。

片桐雅隆『人間・AI・動物　ポストヒューマンの社会学』丸善、二〇二二年。

香月洋一郎『景観のなかの暮らし』未來社、二〇〇〇年。

川田美紀「水辺の遊びと労働の環境史」鳥越皓之編『霞ヶ浦の環境と水辺の暮らし』早稲田大学出版部、二〇一〇年。

川出良枝「歴史と向き合う　下——共和主義にみる「公」と「私」」『朝日新聞』二〇〇〇年、一月六日付夕刊。

菊池理夫「現代コミュニタリアニズム入門」『公共研究』第五巻第四号、千葉大学公共研究センター、二〇〇九年。

佐藤正『村の文化誌』無明舎出版、一九九二年。

ダイアモンド、ジャレド（倉骨彰訳）『銃・病原菌・鉄』草思社、二〇〇〇年。

田口二郎『町村肝煎　市郎右エ門文書　町は生きている』詩と生活社、一九八九年。

田中秀夫・山脇直司編『共和主義の思想空間』名古屋大学出版会、二〇〇六年。

玉城哲『日本の社会システム』農文協、一九八二年。

常光徹『しぐさの民俗学』ミネルヴァ書房、二〇〇六年。

徳野貞雄『農村の幸せ、都会の幸せ』NHK出版生活人新書、二〇〇七年。

トトロのふるさと財団編『トトロブックレット2　都市近郊の里山の保全』二〇〇一年。

鳥越皓之『トカラ列島社会の研究』御茶の水書房、一九八二年。

鳥越皓之『家と村の社会学』世界思想社、一九八五年。

鳥越皓之『地域自治会の研究』ミネルヴァ書房、一九九四年。

鳥越皓之『花をたずねて吉野山』集英社新書、二〇〇三年。

鳥越皓之「村落空間とむらの文化」日本村落研究学会編『むらの社会を研究する』農文協、二〇〇七年。

鳥越皓之『「サザエさん」的コミュニティの法則』ＮＨＫ出版生活人新書、二〇〇八年。

鳥越皓之『水と日本人』岩波書店、二〇一二年。

鳥越皓之『自然の神と環境民俗学』岩田書院、二〇一七年。

鳥越皓之『原発災害と地元コミュニティ』東信堂、二〇一八年。

中野卓『商家同族団の研究』未來社、一九六四年。

林珠乃「里山の生態系サービス」村澤真保呂・牛尾洋也・宮浦富保編『里山学講義』晃洋書房、二〇一五年。

早瀬昇・鳥越皓之（対談）「環境と社会福祉」『月刊福祉』八月号、二〇〇一年。

原広司『集落の教え100』彰国社、一九九八年。

日高敏隆『ぼくの生物学講義』昭和堂、二〇一〇年。

福武直『日本農村の社会的性格』東京大学出版会、一九四九年（『福武直著作集　第四巻』東京大学出版会、一九七六年に再録）。

布施辰治「仁義の泉源」『民間伝承』第六巻第四号、民間伝承の会、一九四一年。

古川彰編『村の日記』（江州知内村記録の翻刻）、関西学院大学社会学部古川研究室、二〇〇八年。

堀越久甫『むらの役員心得帳』農文協、一九八三年。

松嶋健『プシコ ナウティカ』世界思想社、二〇一四年。

松島静雄『友子の社会学的考察』御茶の水書房、一九七八年。

宮本常一『忘れられた日本人』（初出一九六〇年）『宮本常一著作集』第一〇巻、未來社、一九七一年。

宮本常一『山に生きる人びと』未來社、一九六四年。

宮本常一「村の寄りあい」『宮本常一著作集』第一〇巻、未來社、一九七一年。

宮本常一「私の祖父」『宮本常一著作集』第一〇巻、未來社、一九七一年。

村上靖彦「ベルクソンと他者の記憶」『究』三月号（通巻一三二号）、二〇二二年。

文部科学省『科学技術白書』全国官報販売協同組合、二〇一六年。

柳田國男『遠野物語』（初出一九一〇年）『定本柳田國男集』第四巻、筑摩書房、一九六八年。

柳田國男『郷土生活の研究法』（初出一九三五年）『定本柳田國男集』第二五巻、筑摩書房、一九七〇年。

柳田國男「平凡と非凡」（初出一九三七年）『定本柳田國男集』第二四巻、筑摩書房、一九七〇年。

柳田國男『火の昔』（初出一九四四年）『定本柳田國男集』第二一巻、筑摩書房、一九七〇年。

柳田國男『毎日の言葉』（初出一九四六年）『定本柳田國男集』第一九巻、筑摩書房、一九六九年。

柳田國男『妖怪談義』（初出一九五七年）『定本柳田國男集』第四巻、筑摩書房、一九六八年。

米山俊直『日本のむらの百年』ＮＨＫブックス、一九六七年。

鷲田清一『パラレルな知性』晶文社、二〇一三年。

渡辺尚志『村からみた近世』校倉書房、二〇一〇年。

Millennium Ecosystem Assessment 編（横浜国立大学21世紀ＣＯＥ翻訳委員会訳）『生態系サービスと人類の将来――国連ミレニアム エコシステム評価』オーム社、二〇〇七年。

ちくま新書
1711

村《むら》の社会学《しゃかいがく》
――日本《にほん》の伝統的《でんとうてき》な人《ひと》づきあいに学《まな》ぶ

二〇二三年二月一〇日　第一刷発行

著者　鳥越皓之（とりごえ・ひろゆき）

発行者　喜入冬子
発行所　株式会社　筑摩書房
東京都台東区蔵前二-五-三　郵便番号一一一-八七五五
電話番号〇三-五六八七-二六〇一（代表）
装幀者　間村俊一
印刷・製本　三松堂印刷　株式会社

ISBN978-4-480-07536-9 C0236